PETIT TRAITÉ

DE

LÉGISLATION APICOLE

Applicable à la France et à l'Algérie

PAR

Edmond REISSER

Vice-Président du Conseil de Préfecture de la Lozère

Prix : **1 fr. 50**

Franco par poste

LILLE

LE BIGOT FRÈRES, IMPRIMEURS-ÉDITEURS

25, Rue Nicolas-Leblanc, 25

1902

PETIT TRAITÉ

DE

LÉGISLATION APICOLE

Applicable à la France et à l'Algérie

PAR

Edmond REISSER

Vice-Président du Conseil de Préfecture de la Lozère

LILLE
LE BIGOT FRÈRES, IMPRIMEURS-ÉDITEURS
25, Rue Nicolas-Leblanc, 25

1902

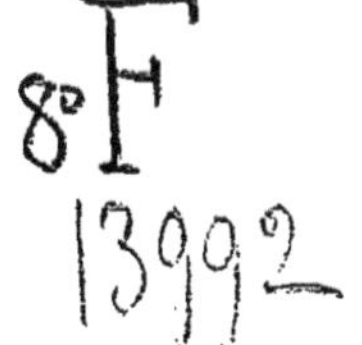

A MON PÈRE

Le Docteur REISSER

FONDATEUR ET PRÉSIDENT DE LA SOCIÉTÉ DES APICULTEURS ALGÉRIENS

AVANT-PROPOS

Nous croyons être utile aux apiculteurs — à certains du moins — en commentant aussi simplement que possible et en peu de lignes *a)* les lois du 4 avril 1889 et du 21 juin 1898 qui, à première lecture, peuvent donner lieu à quelques difficultés d'interprétation, et *b)* d'une façon générale, les règles de législation apicole.

Nous nous occuperons donc :

A) Dans une première partie (lois de 1889 et 1898) :

Chapitre I : De la réglementation des distances, des mesures assurant la sécurité des personnes et des animaux, ainsi que la préservation des fruits et des récoltes.

Chapitre II : De la saisie des ruches.

Chapitre III : Du droit de suite du propriétaire de l'essain fugitif.

B) Dans une deuxième partie (principes généraux, et textes antérieurs) :

Chapitre I : De la destruction des ruches, propriété privée.

Chapitre II : De leur vol.

Chapitre III : De la responsabilité du propriétaire d'Abeilles.

Et nous terminerons par un appendice relatif :

Chapitre I : Aux obligations des apiculteurs-distillateurs de miel et cire, envers l'administration des contributions indirectes.

Chapitre II : A la fabrication de l'hydromel, du vin de seconde cuvée, etc.

Chapitre III : A la possibilité ou à l'impossibilité de prendre des abeilles au cheptel.

Chapitre IV : A l'indivisibilité des essaims.

Mende, ce 20 novembre 1901.

E. R.

PREMIÈRE PARTIE

(Lois de 1884, 1889 et 1898)

CHAPITRE I

De la Réglementation des distances et des mesures assurant la sécurité des personnes et des animaux, ainsi que la préservation des fruits et des récoltes.

Les lois du 4 avril 1889 et du 21 juin 1898 sur le code rural prévoient trois sortes de réglementations particulières :

a) La réglementation des distances à observer entre les ruches d'abeilles et les propriétés voisines ou la voie publique (art. 8 de la loi de 1889).

b) La réglementation des mesures assurant la sécurité des personnes et des animaux (art. 17, loi de 1898).

c) La réglemention des mesures de préservation des fruits et des récoltes (art. 17, loi de 1898).

Sous le régime antérieur à ces lois, et à la loi du 5 avril 1884, cette triple réglementation appartenait exclusivement aux maires. Elle était, en effet, envisagée comme une mesure de police rurale que les autorités municipales avaient seules le droit de prendre à l'exclusion des autorités départementales, en vertu des lois des 28 septembre-6 octobre 1791 et 18 juillet 1837 (1).

Le législateur de 1889 et, avant lui, celui de 1884, apportèrent de sérieux tempéraments à cette doctrine par trop excessive, consacrant et rendant légal un empiètement déjà lointain du préfet sur les attributions du maire; celui de 1898, au contraire, par une sorte de revirement, loin de les diminuer, tendit à favoriser les prérogatives municipales (art. 17-2, loi du 21 juin) : il est vrai que nous admettons que l'article 76 de la loi du 21 juin 1898 contient lui-même, sur un point spécial, un tempérament aux pouvoirs des maires (art. 17-1 in fine et art. 76). Ces différents textes (1884, 1889, 1898) sont encore tous en vigueur et se combinent parfaitement entre eux.

A. — La loi du 5 avril 1884, au sujet des mesures assurant la sécurité des personnes et des animaux, reconnaît aux préfets un droit subsidiaire de réglementation, lorsqu'il n'y a pas été pourvu par l'autorité municipale :

Art. 99. — Les pouvoirs qui appartiennent aux maires en vertu de l'art. 91 ne font pas obstacle au droit des préfets de

---

(1) Considérant qu'en prenant par l'arrêté attaqué les dispositions ci-dessus rapportées (fixant la distance et le nombre de ruches) dans le but d'empêcher les inconvénients qui peuvent résulter du voisinage des ruches d'abeilles et des habitations, le préfet du Calvados a pris ainsi des mesures de police rurale que les maires seuls avaient le droit de prendre, et a, par suite, excédé ses pouvoirs..... P. C. M., l'arrêté du préfet du Calvados est annulé (Cons. d'Etat, 30 mars 1867, Lebon, 67, 315. — 3e Espèce).

....Considérant que, prescrivant en vue de prévenir les accidents qui peuvent résulter du voisinage des ruches d'abeilles, soit des habitations, soit des chemins publics que tout éleveur d'abeilles, ayant plus de trois ruches, ne pourra avoir son rucher à moins de 120 mètres des habitations, du cimetière et des chemins publics, le maire de Pontoise a agi dans la limite des pouvoirs qui lui sont attribués. P. C. M. (même date, — 1re Espèce).

prendre pour toutes les communes du département, une ou plusieurs d'entre elles, et dans tous les cas où il n'y aurait pas été pourvu par les autorités municipales, toutes les mesures relatives au maintien de la salubrité, de la sûreté et de la tranquillité publiques.

Ce droit ne pourra être exercé par le préfet à l'égard d'une seule commune qu'après une mise en demeure restée sans résultat.

ART. 91. — Le maire est chargé, sous la surveillance de l'Administration supérieure, de la police municipale, de la police rurale et de l'exécution des actes de l'autorité supérieure qui y sont relatifs.

B. — La loi du 4 avril 1889 dépouille l'autorité municipale de la réglementation des distances et investit le préfet exclusivement, après avis du Conseil général, du droit de déterminer les conditions de distance à observer dans l'installation des ruchers :

ART. 8. — Les préfets déterminent, après avis des Conseils généraux, la distance à observer entre les ruches d'abeilles et les propriétés voisines ou la voie publique, sauf, en tous cas, l'action en dommage, s'il y a lieu.

L'article 8 précité a donc pour but de substituer au régime précédent celui des arrêtés préfectoraux, substitution qui n'existe toutefois que pour le cas où il s'agit de déterminer à quelle distance des propriétés ou de la voie publique doivent se trouver les ruches d'abeilles : rien n'est changé aux attributions du pouvoir municipal quant aux autres mesures que l'existence des ruches peut rendre nécessaires (V. D. P. 97, 1, 190, notes 1, 2, 3). En conséquence est dénué de valeur légale aux termes de la loi du 4 avril 1889, l'arrêté du maire qui enjoint à un particulier de placer ses essaims d'abeilles à une distance déterminée des chemins publics ou des habitations (V. conf. crim. rej. 22 juin 1892, D. P. 95, 1, 190 ; jurisp. gén. suppl.,

V° droit rural n°s 111, 112 ; V. aussi Cass. 16 juin 1896, D. P. 97, 1, 134 (1).

C. — Ainsi, d'après les lois de 1884 et 1889, les maires en principe (lois du 28 septembre-6 octobre 1791, 18 juillet 1837, 5 avril 1884) et subsidiairement les préfets (loi du 5 avril 1884) s'occupent de la réglementation des mesures assurant la sécurité des personnes et des animaux ; les préfets seuls (loi du 4 avril 1889), de la réglementation des distances à observer entre les ruches d'abeilles et la voie publique ou les propriétés voisines.

Mais cette législation, qui, comme nous le prétendons, consacre en quelque sorte un empiètement lointain du préfet sur les attributions du maire, ne doit durer dans

---

(1) La Cour — Sur le moyen du pourvoi pris de la violation de l'arrêté du maire de St-Léon (Lot-et-Garonne) du 3 juin 1894 et l'art. 471-16 C. P. et de la fausse application de l'art. 8 de la loi du 4 avril 1889, en ce que le jugement attaqué aurait à tort déclaré le dit arrêté illégal : — Attendu que, par l'arrêté sus-visé, le maire de St-Léon a prescrit que « les essaims d'abeilles devront être placés à une distance de cinquante mètres au moins des chemins publics ou des habitations ; » — attendu qu'à la suite d'un procès-verbal dressé le 21 septembre 1895 contre l'abbé Dubos, desservant de St-Léon, pour avoir, dans son jardin, 12 ruches placées à la distance de 2 à 9 mètres seulement d'une haie vive bordant un chemin public et à 25 mètres de son habitation, ledit abbé a été traduit devant le tribunal de simple police de Domazen, que le jugement attaqué (du 16 octobre 1895) l'a relevé des fins de cette poursuite en se fondant sur ce que l'arrêté municipal dont application était contre lui requise, était contraire aux dispositions spéciales édictées en la matière par l'article 8 de la loi du 4 avril 1889.... —

Attendu qu'en chargeant les préfets de la réglementation des distances à observer relativement aux ruches d'abeilles, en prescrivant l'avis préalable des conseils généraux et en s'abstenant de réserver sur ce point particulier le droit des maires, le législateur a suffisamment manifesté sa volonté de transférer de l'autorité municipale à l'autorité départementale, la mission de fixer la distance dont il s'agit ; — que c'est donc à juste titre que le jugement attaqué a considéré l'arrêté municipal susvisé comme dénué de valeur légale ; —

Attendu que le relaxe prononcé étant dès lors justifié, il n'y a pas lieu d'examiner les autres griefs formulés contre le jugement. — Par ces motifs, rejette.....

son intégralité que jusqu'en 1898, époque à laquelle elle reçoit un palliatif; désormais les juges avant de se prononcer sur la validité des arrêtés municipaux concernant les distances, auront à rechercher et à savoir si le Préfet a ou non usé du droit que lui conférait, à lui seul, l'article 8 de la loi de 1889 : ce qui revient à dire que l'arrêté concernant les distances, pris par le maire, ne sera pas entaché d'illégalité par cela seul qu'il émanera du maire, et sortira son plein et entier effet si le préfet n'a fait lui-même cette réglementation.

Art. 17. 1 et 2. — Les maires prescrivent aux propriétaires de ruches, toutes les mesures qui peuvent assurer la sécurité des personnes, des animaux, aussi la préservation des récoltes et des fruits.

A défaut de l'arrêté préfectoral prévu par l'art. 8 du livre I, titre IV du code rural, les maires déterminent à quelle distance des habitations, des routes, des voies publiques, les ruchers découverts doivent être établis.

En effet, si par son premier alinéa, l'article 17 confirme l'autorité municipale dans son pouvoir de réglementation des mesures susceptibles d'assurer la sécurité des personnes et des animaux, dans son deuxième alinéa, il rappelle d'une part le pouvoir réglementaire des préfets en ce qui touche les distances à observer, et d'autre part, renversant l'article 99 de la loi du 5 avril 1884 déjà cité, accorde aux maires la faculté subsidiaire de réglementer les distances, lorsqu'il n'y a pas été pourvu par l'autorité préfectorale.

Enfin, dans son troisième alinéa, le même article 17 apporte une restriction au droit du préfet de réglementer les distances, et partant au droit subsidiaire du maire.

Art. 17-3. — Toutefois ne sont assujetties à aucune prescription de distance, les ruches isolées des propriétés voisines ou des chemins publics par un mur ou une palissade en planches jointes à hauteur de clôture.

Mais qu'entend-on par *hauteur de clôture ?* Est-ce la hauteur que vise l'article 6-2 de la loi du 9 juillet 1889, ainsi conçu :

Art. 6-2. — Est réputé clos tout terrain entouré.... soit par un mur, soit par une palissade ... d'un mètre au moins.

Nous ne le croyons pas : la pensée d'interpréter l'article 17-3 de la loi du 21 juin 1898 par la disposition de l'article 6-2 de la loi du 9 juillet 1889 nous paraît peu exacte. La loi du 9 juillet 1889 est relative à la vaine pâture ; c'est en se plaçant dans cet ordre d'idées qu'elle donne une définition de la clôture appropriée à cette matière, comme le montrent les exemples du texte et la règle générale qui résume ces exemples (obstacle à l'introduction des animaux). Les mesures indiquées en hauteur ou en largeur sont celles que des bestiaux, même de forte taille, ne franchissent point pour paître, et qui permettent de protéger de leurs incursions, les champs et les prairies. L'article 6-2 contient donc une définition empirique faite pour un objet déterminé et précisément à cause de son caractère arbitraire, il n'est pas légitime de la transporter dans d'autres matières, où elle serait sans cause. En conséquence, il semble plus légitime de s'en tenir aux principes généraux, et puisqu'il n'en a pas été autrement ordonné par cette loi, de voir dans l'article 17-3, un renvoi aux règles ordinaires, c'est-à-dire à celles mentionnées dans le code civil qui reproduit en la circonstance l'article 209 de la coutume de Paris.

Art. 663. — Chacun peut contraindre son voisin, dans les villes et faubourgs, à contribuer aux constructions et réparations de la clôture faisant séparation de leurs maisons, cours et jardins assis esdites villes et faubourgs : la hauteur de la clôture sera fixée suivant les règlements particuliers ou les usages constants et reconnus, et, à défaut d'usages et de règlements, tout mur de séparation entre voisins, qui sera construit ou rétabli à l'avenir, doit avoir au moins 32 décimètres (10 pieds) de hauteur, compris le chaperon, dans les villes de 50.000 âmes et au-dessus, et 26 décimètres (8 pieds) dans les autres.

A noter : Lorsqu'un arrêté préfectoral ou municipal prescrit une distance à observer entre les ruches et la propriété voisine non close, le point de départ de la mesure doit être l'axe de la ruche, lequel est invariable quelle que soit celle-ci. La distance ne sera donc pas comptée à partir du trou de vol, ni à partir de la paroi la plus rapprochée ; s'il en était différemment, et dans le cas où les ruches auraient plusieurs trous de vol, lequel de ces trous, par exemple, devrait-on prendre pour commencer à compter ? (Avis de M. Clément, Société centrale d'Apiculture, séance du 21 novembre 1901.) D'ailleurs les coutumes et le droit font compter le *milieu* d'un arbre comme point de départ de la distance qui le sépare de la limite d'un terrain.

Reste à nous occuper des mesures de préservation des récoltes et des fruits : Le droit de prendre de telles mesures rentre, dit-on, dans les attributions exclusives des maires, l'article 17-1 de la loi du 21 Juin 1898 ne fait que reconnaître un droit qui de tous temps appartenait aux maires, il n'innove rien. En effet les travaux préparatoires de la loi du 5 avril 1884 (S. lois annotées de 1884, p. 576, note 180) nous montrent que l'on avait eu d'abord la pensée de doubler le maire dans toutes ses attributions de police municipale ou rurale, par le préfet. Si cette opinion avait prévalu, il aurait fallu, dans l'hypothèse actuelle, reconnaître au préfet le droit de prendre, en cas d'inaction du maire, les arrêtés destinés à préserver les récoltes et les fruits des dégâts que peuvent causer les abeilles. Mais il n'en a rien été : On n'a pas voulu de ce doublement général du maire par le préfet ; et ce n'est qu'à grand'peine que le Gouvernement est parvenu à faire voter l'art. 99, en invoquant comme raison que l'État ne pouvait pas être désarmé devant la commune, et que son représentant, le préfet, devait conserver le droit de prescrire les mesures nécessaires à la sauvegarde générale mise en péril par l'inaction des maires.

A la vérité, l'art. 99 renvoyait à l'art. 91 et ce dernier mentionnant la police rurale comme la police municipale, le droit d'intervention du préfet peut se rencontrer à propos de toutes les deux, à la condition, toutefois, qu'il s'agisse de mesures relatives au maintien de la salubrité, de la sûreté et de la tranquillité publiques. Or, tel n'est pas le cas lorsqu'il est question de la préservation des récoltes et des fruits uniquement. D'un autre côté, de l'économie de la loi du 21 juin 1898 se dégage l'impression fort nette que le législateur a prévu soigneusement, et par conséquent limitativement les attributions des préfets en matière de police municipale ou rurale.

Le silence de l'art. 17 est donc significatif et en dehors des renvois qu'il contient, le pouvoir de faire des arrêtés n'appartient qu'au maire.

Cette solution cependant comporterait, selon nous, un tempérament important : En vertu de l'art. 76 de la dite loi de 1898, les préfets seraient en droit d'intervenir pour la préservation des récoltes et des fruits aux conditions énumérées dans ce texte ; il y aurait là une innovation de la part du législateur et une restriction au pouvoir exclusif des maires en cette matière.

Art. 76. — Les préfets prescrivent les mesures nécessaires pour arrêter ou prévenir les dommages causés à l'agriculture par des insectes, des cryptogames ou autres végétaux nuisibles, lorsque ces dommages prennent ou peuvent prendre un caractère envahissant ou calamiteux.

L'arrêté n'est pris par le préfet qu'après avis du Conseil général du département et de la chambre consultative d'agriculture, à moins qu'il ne s'agisse de mesures urgentes et temporaires.

Il détermine l'époque à laquelle il devra être procédé à l'exécution des mesures, les localités dans lesquelles elles seront applicables, ainsi que les modes spéciaux à employer.

L'arrêté n'est exécutoire, dans tous les cas, qu'après l'approbation du ministre de l'agriculture, qui prend, sur les procédés à appliquer, l'avis de la commission technique.

L'article 76 viendrait limiter la portée de l'article 17, quoiqu'il n'eût pas été fait spécialement pour ce cas ..

Les abeilles ne sont-elles pas comprises dans le mot générique « d'insectes » ? N'y-a-t-il donc pas un motif de texte que l'on corroborerait aisément de motifs rationnels pour légitimer le droit des préfets?

***

Relativement à la nature et à l'étendue des mesures susceptibles d'assurer la sécurité des personnes et des animaux, et la préservation des récoltes et des fruits, mesures dont la réglementation rentre dans les attributions des autorités préfectorales et municipales « il faut pour en apprécier l'étendue et la légalité se référer au principe de droit commun d'après lequel les arrêtés de police municipale ne sauraient porter atteinte au légitime usage du droit de propriété ou à la liberté du commerce ou de l'industrie » ; autrement dit, et pour user d'une formule plus générale : le maire et partant le préfet, dans l'exercice de leurs pérogatives sur la police rurale, ne peuvent, sans commettre d'excès de pouvoir, interdire aux propriétaires l'usage des droits que la loi leur reconnaît (crim. rej. 3 déc. 1859. D. P. 59. 1.520 ; cons. d'État 1890. D. P. 92. 3. 2 et note 1. Ch. crim., 22 juin 189. 4. D. P. .95. 1, 190 (1) ;

(1) — La Cour ; — Sur le moyen unique du pourvoi pris de la violation, par refus d'application des art. 161 C. I. C. et 471, N° 15 C. P. i. — Vu l'arrêté du maire de Dijon, en date du 4 novembre 1893, qui, se fondant sur l'intérêt de la « sécurité publique, prescrit au sieur Zimmermann, apiculteur « de faire disparaître, avant le 31 décembre, le rucher qu'il possède cours du Parc ; » — Attendu que la loi organique municipale du 5 avril 1884 (art. 97-1) confie aux maires, comme l'avait fait la loi des 16-24 août 1790, le soin « d'assurer le bon ordre, la sûreté et

c'est ainsi qu'ils n'ont pas le pouvoir d'ordonner la suppression d'un rucher établi par un propriétaire sur son fonds, ni de soumettre, sans violer le principe de la liberté de l'industrie, l'exercice de l'apiculture à une autorisation émanant de l'administration (Cons. d'État, 13 mars 1885, D. P. 86, 3, 115) (1), mais ils peuvent con-

---

la salubrité publiques : qu'elle les charge, notamment, des mesures de police à prendre pour « tout ce qui intéresse la sûreté et la commodité du passage dans les rues, quais, places et voies publiques ; » mais que ces mesures ne sauraient en aucun cas, empiéter sur les pouvoirs de l'autorité supérieure ou porter atteinte aux droits dont les lois garantissent l'exercice à tous les citoyens ; — attendu, en l'espèce, que le maire de Dijon pouvait prescrire, dans le cercle de ses attributions, toutes les mesures propres à obéir aux mouvements et au danger résultant pour la sécurité publique du voisinage du rucher d'abeilles exploité, cours du Parc, par le sieur Zimmerman ; mais que, sous aucun motif, et sous peine d'attenter au droit de propriété et à la liberté de l'industrie, il ne lui était permis d'ordonner la suppression pure et simple de ce rucher établi par son propriétaire sur un fonds lui appartenant, — qu'il suit de là que les juges d'appel en déclarant l'arrêté du maire de Dijon illégal, et dès lors non obligatoire, et en relaxant le sieur Zimmermann de l'action dirigée contre lui pour infraction au dit arrêté, n'ont violé aucune disposition des lois invoquées par le pourvoi ; — Par ces motifs, rejette.

(1) Le Conseil d'Etat :

« Considérant que par son ordonnance en date du 10 janvier 1882, le Préfet de Police a interdit l'élevage des abeilles dans la ville de Paris, sans une autorisation préalable de la préfecture de police, et a ordonné la suppression de tous les ruchers pour lesquels il ne serait pas justifié de ladite autorisation ;

Considérant que s'il appartenait au prétet de police, agissant en vertu de la loi du 16-24 août 1790 et de l'arrêté du gouvernement du 12 Messidor an 8, de prescrire toutes les mesures et d'apporter à l'élevage des abeilles toutes les restrictions qui lui sembleraient commandées par l'intérêt de la sécurité publique il ne pouvait, sans violer le principe de la liberté de l'industrie inscrit dans la loi des 2-17 mars 1791 subordonner l'exercice de cette industrie à la nécessité d'une autorisation préalable émanant du pouvoir discrétionnaire de l'administration ; qu'ainsi le sieur Vignet est fondé à demander de ce chef l'annulation de l'ordonnance du préfet de police du 10 janvier 1882, et de la décision confirmative du Ministre de l'Intérieur en date du 16 août 1883....

Article 1er. — Sont annulées l'ordonnanée du préfet de police du 10 janvier 1882 et la décision du Ministre de l'Intérieur du 16 août 1883. »

traindre les apiculteurs à fermer leurs ruches pendant la journée au moment de la maturation des raisins par ex. (séance du 10 mars 1890) (1), ou prescrire certaines restrictions au nombre devenu exagéré des ruches (comp. cons. d'État du 30 mars 1867, 3e espèce ; ch. crim. rej. 7 nov. 1885 ; bull. crim. n° 229, p. 479 et 480 ; voir aussi req. 24 janv. 1877, D. P. 1, 164 ; jur. gén., v° commune, n°s 670

(1) N'est-ce pas troubler une industrie existante et, en enfermant les abeilles, les détruire en partie ? Quoi qu'il en soit, voici la discussion qui est formelle et suffisamment explicite sur ce point :

M. le Rapporteur — Lorsqu'il n'y a que quelques ruches isolées dans une ferme, il est bien évident que les abeilles ne peuvent pas faire grand tort aux récoltes et notamment aux vignobles. Mais lorsqu'il existe, comme dans certaines contrées, des ruchers considérables comprenant 60, 80, 100 et même quelquefois 150 paniers et plus, j'en demande bien pardon à l'honorable M. Clément, les abeilles peuvent alors commettre, notamment sur les raisins, des dégâts considérables et en très peu de temps.

Dans les communes où l'apiculture est presque une industrie, le maire prescrit, — il y a des exemples et je pourrais vous apporter des arrêtés, — qu'au moment de la maturation des raisins, les ruches doivent être fermées pendant la journée. La ruche est alors disposée de manière à ne pas laisser sortir les abeilles ; le soir on l'ouvre afin de leur permettre de sortir quelques instants, non pas pour aller butiner, mais seulement en quelque sorte pour s'ébattre; et on les nourrit avec du miel comme pendant l'hiver.

Il semble impossible de ne pas indiquer que la mesure peut être prise.

M. Tisserand, Directeur de l'agriculture, fait un signe d'assentiment.

M. le Rapporteur. — L'honorable directeur de l'agriculture fait un signe d'assentiment, et, en effet, dans certains pays, cette mesure est prescrite. Il est évident que dans bien des contrées, où il n'y a que des ruchers isolés ou une ruche ou deux par chaque ferme placées dans le jardin, les abeilles ne feront aucun dommage, mais si elles étaient très nombreuses, ce pourrait être tout différent.

Il semble utile, Messieurs, de ne pas passer cette prescription sous silence, les Maires en useront suivant le cas : ils pourront prescrire que les abeilles n'auront la liberté que vers le soir, une demi-heure après le coucher du soleil par exemple, elles ne pourront pas courir au loin, et les récoltes de raisins seront préservées.

Cette situation ne pourra d'ailleurs durer que huit à dix jours et il n'y a aucun inconvénient à maintenir la disposition proposée. — *(Approbations)*.

et suiv. ; supp. cod., v° n°s 483 et suiv.); dans ce cas l'art. 10 de la loi du 4 avril 1889 devra rester étranger à l'arrêté du maire; en effet, quoiqu'il reproduise l'article 3 (titre I, section 3) de la loi du 28 septembre 6 octobre 1791, dont les termes paraissent plus généraux, il ne concerne cependant que des rapports de droit privé, de saisie comme le porte le texte, c'est-à-dire des rapports de créanciers à débiteur: il serait inadmissible que si la multiplication des ruchers dans une ville ou dans un bourg devenait une cause d'insécurité pour les voisins ou les passants, on attendît pour la faire disparaître les mois d'hiver; la vie d'un bourg ou d'une ville ne peut être rendue intolérable pendant plusieurs mois par le fait d'un propriétaire.

Quant au tribunal, il ne lui appartient que de condamner le contrevenant à l'arrêté municipal, et s'il est tribunal civil, de dédommager les voisins ou les passants du dommage causé par les abeilles.

Ajoutons que pour réglementer les distances le préfet exerçant un droit qui, en principe, lui est propre, procède soit par voie d'arrêté général pour tout le département, soit par voie d'arrêté particulier pour une commune déterminée, sans mise en demeure préalablement adressée aux maires et restée sans résultat.

En ce qui concerne les mesures de sécurité, il ne sort pas de la limite de ses attributions en prenant un arrêté général pour toutes les communes de son département, ou un arrêté particulier pour une commune spécialement déterminée, et cela, bien que ce droit de réglementation ne lui soit que subsidiairement reconnu. *a)* S'il procède par arrêté général pour toutes les communes du département, aucune mise en demeure aux différents maires n'est nécessaire de sa part ; bien plus, il peut agir alors même que les maires ont ordonné déjà des mesures dans le même sens, d'où cette conséquence que l'arrêté préfectoral est applicable dans les communes où il existe un règlement municipal sur la matière : ainsi que l'a déclaré le rapporteur au Sénat, répondant à M. Clément : « l'existence d'arrêtés municipaux antérieurs ne fait pas obstacle à ce que le préfet prenne un arrêté général et à ce que cet arrêté soit obligatoire pour toutes les communes du département. » (V. Morgand, loi municipale, t. 2, p. 109, note 1). *b)* Mais s'il procède par arrêté spécial à une commune déterminée, il est tenu au préalable de mettre le maire en demeure d'agir, et ne doit se substituer à lui qu'après avoir échoué dans cette tentative (loi du 5 avril 1884, art. 99-2).

Enfin, si l'on adopte le tempérament que nous avons proposé au droit exclusif des autorités municipales de réglementer les mesures de préservation des récoltes et des fruits (art. 76, loi du 21 juin 1898), le préfet peut se substituer au maire soit par arrêté général à tout le département, soit par arrêté particulier à telle ou telle commune, mais dans ce dernier cas, après mise en demeure du maire, restée sans résultat.

Les règlements que les préfets et les maires rendent en ces diverses matières sont des actes de puissance publique, des actes *réglementaires.*

A. — Or, les actes réglementaires doivent revêtir une forme générale, s'adresser au département, à une commune par exemple, et un arrêté individuel serait illégal. Un maire et un préfet ne peuvent donc pas prescrire directement à *un* propriétaire de ruches de supprimer par exemple quelques-unes d'entr'elles ; mais ils peuvent interdire, par mesure générale, dans l'agglomération urbaine, la réunion d'un nombre déterminé de ruches.

B. — Les arrêtés réglementaires ne deviennent obligatoires qu'autant qu'ils ont reçu une publication suffisante.

La loi municipale du 5 avril 1884 le dit formellement en ce qui concerne les arrêtés des maires :

Art 96. — Les arrêtés du maire ne sont obligatoires qu'après avoir été portés à la connaissance des intéressés par voie de publications et d'affiches, toutes les fois qu'ils contiennent des dispositions générales, et dans les autres cas, par voie de notification individuelle.

La publication est constatée par une déclaration certifiée par le maire.

La notification est établie par le récépissé de la partie intéressée ou, à son défaut, par l'original de la notification conservé dans les archives de la mairie.

Les arrêtés, actes de publication et de notification sont inscrits à leur date sur le registre de la mairie.

Comme les arrêtés municipaux, les règlements préfectoraux doivent être portés à la connaissance des administrés par publications et affiches (avis du Conseil d'État, 23 prairial an XIII). Leur insertion dans le recueil des actes de la préfecture n'est pas une publication suffisante pour avertir les simples particuliers. Les tribunaux de répression d'ailleurs sont souverains pour décider, après enquête, que les règlements dont l'application est demandée n'ont pas été publiés dans la commune où leur exécution est réclamée (C. cass. 12 avril 1861), mais il y a présomption qu'un arrêté a été publié et affiché tant que la preuve contraire n'en est pas rapportée (C. cass. 5 avril 1872). Disons encore que si le fait de la publication est nié, c'est au ministère public qu'il incombe de la prouver (C. cass. 26 juin 1857).

C. — Et ce n'est pas tout.

1) Les arrêtés préfectoraux qui ont pour objet la préservation des fruits et des récoltes doivent en outre être revêtus de l'homologation ministérielle (art. 76-4, loi du 21 juin 1898, dans le cas bien entendu où l'on reconnaît au préfet le droit de se substituer au maire et où l'on

admet le tempérament apporté par l'art. 76 à la toute puissance des maires).

2) Les arrêtés municipaux, quels qu'ils soient, portant règlement permanent ne s'appliquent qu'un mois après le dépôt de la copie de l'arrêté à la préfecture ou à la sous-préfecture, à moins que le préfet n'abrège les délais (loi du 5 avril 1884).

Art. 95. — Les arrêtés pris par le maire sont immédiatement adressés au sous-préfet ou, dans l'arrondissement du chef-lieu du département, au préfet.

Le préfet peut les annuler ou en suspendre l'exécution.

Ceux de ces arrêtés qui portent règlement permanent ne sont exécutoires qu'un mois après la remise de l'ampliation constatée par les récépissés délivrés par le sous-préfet ou le préfet.

Néanmoins, en cas d'urgence, le préfet peut en autoriser l'exécution immédiate.

De là, nécessité de distinguer dans les règlements municipaux — et ce soin incombe au juge de paix — ceux qui portent règlement permanent de ceux qui portent règlement temporaire, ces derniers étant immédiatement exécutoires, c'est-à-dire le lendemain du jour où ils ont été publiés, affichés (C. cass. 3 mars 1860).

Mais quid des cas dans lesquels le préfet se substitue au maire en vertu des art. 99 de la loi du 5 avril 1884, pour les mesures de sécurité, et 76 de la loi du 21 juin 1898, pour la préservation des récoltes et des fruits (— toujours, si l'on adopte le tempérament de l'article 76 aux pouvoirs du maire —) ? Cette distinction ne perd-elle pas sa raison d'être ? Nous pensons qu'en votant l'art. 95 (loi municipale) qui prescrit une suspension de trente jours à l'exécution des arrêtés portant règlement permanent, le législateur n'a pas eu seulement en vue l'intérêt du préfet, mais encore celui des particuliers. Dès lors, l'arrêté préfectoral n'est exécutoire qu'à l'expiration soit de ce délai de trente jours, soit d'un délai plus court fixé par le préfet, et la même distinction entre les arrêtés portant règlement permanent et ceux portant règlement temporaire doit être observée, lorsqu'il s'agit d'arrêtés pris par le préfet aux lieu et place du maire. Quelques auteurs, toutefois, ne partagent pas notre avis (V. Morgand, loi municipale, t. II, p. 30). Donc, le préfet réglemente-t-il au moyen d'un arrêté général les mesures de sécurité, si l'arrêté est permanent, il ne devient exécutoire que trente jours plus tard, tandis qu'il l'est immédiatement s'il a pour but de parer à des nécessités de moment ; réglemente-t-il les mesures de préservation des fruits et des récoltes (si l'on ne repousse le tempérament de l'article 76 de la loi du 21 juin 1898), on fera la même distinction ; de plus, l'arrêté sera homologué par le ministre : ajoutons que cet arrêté ne sera valablement pris qu'après avis du Conseil général et de la Chambre consultative d'Agriculture, à moins qu'il ne soit question de mesures urgentes et temporaires.

D. — Dans toutes ces circonstances, les préfets et les maires agissent comme représentants de l'Administration supérieure qui conserve le droit de contrôle sur toutes leurs décisions : les ministres peuvent donc réformer les décisions des préfets, et ceux-ci, celles des maires. Enfin, d'après la jurisprudence, il est possible de déférer les arrêtés au Conseil d'État pour excès de pouvoir, même ceux pris directement par les maires. (Conseil d'État, 5 août 1870, Bouchardon ; 5 mai 1873, de Montailleur ; 5 décembre 1870, Lièvre).

E. — Les arrêtés réglementaires sont sanctionnés par les pénalités prévues au Code pénal.

Art. 471. — Seront punis d'une amende, depuis un franc jusqu'à cinq francs inclusivement :

. . . .

— 15. Ceux qui auront contrevenu aux règlements légalement faits par l'autorité administrative et ceux qui ne se seront pas conformés aux règlements ou arrêtés publiés par l'autorité municipale, en vertu des art. 3 et 4, titre XI de la loi du 16-24 août 1790 et de l'art. 46, titre I de la loi du 19-22 juillet 1791.

F. — Et les tribunaux de police ont le droit d'en vérifier la légalité et de se refuser à les appliquer, dès qu'il les croient illégalement rendus, comme ils ont d'ailleurs le droit d'en rechercher et dégager le sens et la portée.

Nota. Les attributions conférées aux maires par les lois de 1889 et 1898 sont exercées par les administrateurs dans les communes mixtes du territoire civil de l'Algérie et par les commandants supérieurs des cercles dans les communes mixtes et indigènes du territoire de commandement (art. 2, décret du 14 mai 1900).

RÉSUMÉ

Telle est la législation qui nous régit actuellement et qui se trouve condensée dans les lois des 5 avril 1884, 4 avril 1889 et 21 juin 1898.

Pour résumer en trois règles simples et précises ce que nous venons d'exposer sur la triple réglementation concernant 1) les distances, 2) les mesures assurant la sécurité des personnes et des animaux, 3) et celles assurant la préservation des récoltes et des fruits, nous dirons :

A) **Réglementent les distances :**

En principe, le préfet, après avis du Conseil général, s'il n'est pas question de ruches isolées des propriétés voisines ou de la voie publique par un mur ou une palissade à hauteur de clôture. Il peut procéder par voie d'arrêté général pour toutes les communes du département ou par arrêté spécial à une commune déterminée, — sans mise en demeure adressée aux autorités municipales.

Subsidiairement, le maire : 1° dans le cas où le préfet n'a pas fait cette réglementation; 2° et s'il n'est pas question de ruches isolées des propriétés voisines ou de la voie publique par un mur ou une palissade à hauteur de clôture.

Nota. — Donc ne sont astreintes à aucune prescription ou réglementation de distance les ruches isolées de la voie publique ou des propriétés voisines par un mur ou une palissade en planches jointes à hauteur de clôture (voir art. 663 C. c.).

Le point de départ de la distance doit être l'axe de la ruche.

B) Réglementent les mesures assurant la sécurité des personnes et des animaux :

En principe, le maire.

Subsidiairement, le préfet, pourvu que le maire n'ait pas fait cette réglementation : cela n'est toutefois vrai que s'il veut procéder par arrêté spécial, car il peut prendre un arrêté général pour toutes les communes du département, alors même que différents maires ont déjà agi dans le même sens : en ce cas, aucune mise en demeure n'est nécessaire de sa part. S'il procède par arrêté spécial, il doit au préalable mettre le maire en demeure d'agir et ne peut se substituer légalement à lui qu'après avoir échoué dans cette tentative.

C) Réglementent les mesures de préservation des récoltes et des fruits :

En principe, le maire.

Subsidiairement, selon nous, le préfet, après avis du Conseil général et de la Chambre consultative d'agriculture, à moins qu'il ne soit question de mesures urgentes et temporaires. L'arrêté préfectoral n'est exécutoire qu'après l'approbation du ministre qui prend l'avis de la commission technique ; il peut être général, c'est-à dire s'adresser à toutes les communes du département, ou particulier à une commune : dans ce dernier cas, le maire doit être mis au préalable en demeure d'agir.

Nota généraux

Les arrêtés de police municipale ne sauraient porter atteinte au légitime usage du droit de propriété ou à la liberté du commerce ou de l'industrie.

De plus, actes réglementaires, ils doivent revêtir une forme générale et ne pas s'adresser à une personne déterminée.

Les attributions conférées aux maires sont exercées en Algérie par les administrateurs des communes mixtes et les commandants des cercles.

Ajoutons que pour toutes ces réglementations, les arrêtés municipaux exagérant le plus souvent, l'apiculteur a tout intérêt à provoquer des arrêtés préfectoraux

---

CHAPITRE II

De la saisie des Ruches. Les Ruches immeubles par destination.

Certains objets mobiliers sont réputés immeubles lorsqu'ils ont été attachés à un fonds par le propriétaire de ce fonds et dans l'intérêt du fonds : l'*immobilisation par destination* établit entre la chose mobilière et un immeuble « le lien qui rattache l'accessoire au principal et empêche que mille événements ne viennent séparer deux choses qui doivent rester étroitement unies. » (Baudry-Lacantinerie, Précis de droit civil).

De cette immobilisation par destination résultent de grands avantages : les objets devenus immeubles ne peuvent pas être saisis mobilièrement et, par suite, séparément du fonds (C. Pr. art. 592-1) ; si le propriétaire du fonds se marie sous le régime de la communauté, ils ne tombent pas dans la communauté et demeurent propres avec le fonds lui-même (arg. art. 1404) ; de même, ils passent au légataire du fonds et non entre les mains du légataire des meubles, etc., etc. (V. les art. 533 et s., 673 et s., C. P. C. ; 1074, 1186, 1187, 1422, 1449, 1554, 2118, 2119 2279 C. c.)

Mais pour qu'un meuble devienne immeuble par destination, il faut :

a) Qu'il ait été placé sur un immeuble par nature (fonds de terre, bâtiment) ;

b) Qu'il ait été placé dans l'intérêt du fonds, pour son service, son utilité ou son ornement ;

c) Qu'il ait été placé par le propriétaire du fonds ou celui qui possède *Animo domini* (qu'il soit ou non de bonne foi) ;

d) Que le propriétaire du fonds soit en même temps propriétaire de l'objet placé sur le fonds (C. de Lyon, 10 août 1888, S. 90, 2. 113).

Ces principes rappelés et non inutilement, nous le verrons, les ruches à miel remplissant les conditions que nous avons esquissées à grands traits, sont considérées comme immeubles par destination (art. 524 Code civil) ; elles ne sont donc saisissables qu'immobilièrement, c'est-à-dire avec le fonds sur lequel elles ont été placées.

Art. 524. — Les objets que le propriétaire d'un fonds y a placés pour le service et l'exploitation de ce fonds sont immeubles par destination

Ainsi sont immeubles par destination, quand ils ont été placés par le propriétaire pour le service et l'exploitation des fonds :

. . . .

. . . .

Les ruches à miel.

. . . .

. . . .

Il n'en est évidemment pas de même lorsqu'elles ne remplissent pas ces conditions, par exemple lorsqu'elles ont été placées sur le fonds par un locataire, un fermier, un usufruitier, un colon partiaire, ou encore, données à cheptel — si l'on admet le cheptel d'abeilles — ; dès lors, elles sont saisissables mobilièrement et indépendamment du fonds.

Toutefois, même en ce cas, c'est-à-dire en tant que meubles, elles ne peuvent être déplacées en France que pendant les mois de décembre, janvier et février (loi de 1889),

Art. 10. — Dans le cas où les ruches à miel pourraient être saisies séparément du fonds auquel elles sont attachées, elles ne peuvent être déplacées que pendant les mois de décembre, janvier, février.

et en Algérie, que pendant le mois de décembre et de janvier (décret du 14 mai 1900).

Art. 1. — Les art.... 10.... sont rendus exécutoires en Algérie sous la réserve qu'en cas de saisie les ruches ne peuvent être déplacées que pendant les mois de décembre et de janvier.

Cette prohibition relative au déplacement se trouvait déjà insérée dans la loi du 28 septembre 1791 et n'était que la conséquence (— le texte le dit —) du principe suivant : « pour aucune raison, il ne doit être permis de troubler les abeilles dans leurs courses et leurs travaux. » Mais l'article 3 de cette loi et l'arrêté consulaire du 16 thermidor an VIII n'autorisaient la saisie des ruches en tant que meubles, c'est-à-dire la saisie-exécution, qu'au profit du propriétaire, du vendeur et du fisc. Avant le vote et la promulgation des nouvelles lois sur le code rural, la question de savoir si ces textes devaient s'appliquer ou avaient été abrogés par les articles 592 et 1041 du Code de procédure civile, était controversée et un grand nombre d'auteurs, s'appuyant sur un avis du Conseil d'Etat du 12 mai 1807, soutenaient qu'ils étaient toujours en vigueur, comme d'ailleurs beaucoup d'autres lois (celle du 24 juillet 1793 par ex.) que le code de procédure civile avait laissé subsister. Mais cette discussion n'a plus sa raison d'être aujourd'hui, et comme la loi du 4 avril 1889 est muette sur les restrictions apportées au droit de saisir mobilièrement les ruches d'abeilles, il convient de conclure que la saisie-exécution peut être poursuivie au profit de quelque créancier que ce soit.

RÉSUMÉ

A). — **Immeubles par destination**, les ruches ne sont susceptibles d'être saisies qu'immobilièrement, c'est-à-dire avec le fonds sur lequel elles sont placées.

B).— **Meubles**, elles sont saisissables mobilièrement, c'est-à-dire indépendamment du fonds pour l'acquittement de toute créance, mais ne peuvent être déplacées que pendant certains mois déterminés par l'art. 10 de la loi du 4 avril 1889 et l'art. 1 du décret du 14 mai 1900.

CHAPITRE III

De la Poursuite des Essaims, autrement dit du droit de suite du propriétaire de l'Essaim fugitif.

Par un dédoublement naturel et périodique des ruches, les essaims constituent un produit pour le propriétaire ; mais ils s'envolent parfois bien loin de la ruche-mère et se posent sur le terrain des voisins.

« L'usage que l'essaim fera de sa liberté, dit M. le Conseiller Babinet, va t-il rompre tous les liens qui le rattachaient à la propriété privée ?. . Les tiers seront-ils maîtres de s'en emparer, comme d'une *res nullius* ou d'en disposer au moins tant qu'il séjournera sur leur domaine ? » (D. P. 77, 1, 164). Nullement, nos lois ont expressément reconnu le droit de suite du propriétaire ancien (loi du 24 septembre 1791, et aujourd'hui celle du 4 avril 1889 et le décret du 14 mai 1900).

Art. 9 (loi du 4 avril 1889). — Le propriétaire d'un essaim a le droit de le réclamer et de s'en ressaisir, tant qu'il n'a point cessé de le suivre ; autrement l'essaim appartient au propriétaire du terrain sur lequel il s'est fixé.

Art. 1 (décret du 14 mai 1900). — Les art... 9... de la loi du 4 avril 1889... sont rendus exécutoires en Algérie.

En droit romain, le maintien de la propriété avait de même été proclamé par les Institutes (livre 2, titre 1) et la loi 5 du Digeste (de acquirendo dominio) en faveur du maître poursuivant (examen quod ex alveo nostro evolaverit, eo usque nostrum intelligitur donec in conspectu nostro est..... ita tamen ut si dominus apium eas involare viderit et insecutus fuerit, illas neutiquam amittat.....). Mais si l'essaim fugitif n'était pas poursuivi, il appartenait au premier occupant qui n'en devenait propriétaire effectif qu'après l'avoir mis en ruche (apes antequam alveis privatorum includantur sunt res nullius et fiunt occupantium L. 1. D. de acq. rer. dom.). Ce principe qui se retrouve dans les Établissements de Saint Louis (chap. 145) n'a pas été reproduit par Bouteiller (Somme rurale, f° LXXIX) d'après qui, les abeilles une fois envolées retournent à l'état sauvage : « Durant qu'elles sont en l'air et en leur vol sont sans maître et sont retournées à leur franchise et pour ce celuy qui en ce point les peut prendre en est fait seigneur par le droit aux gens. »

La loi nouvelle apporte donc une innovation au droit romain en décidant que l'essaim non poursuivi appartient au propriétaire du terrain sur lequel il s'est fixé. Nul autre que lui ne peut s'en rendre propriétaire, mais il n'en devient réellement maître, et comme tel, responsable, qu'après l'avoir mis en ruche ou avoir fait tout au moins acte de propriétaire : si la loi lui reconnaît, et reconnaît à lui seul, ce droit de revendiquer l''essaim non poursuivi, elle ne lui en fait pas une obligation.

Il n'y a pas lieu de s'occuper si l'essaim s'est rassemblé sur une branche, dans le creux d'un arbre, dans une excavation d'un mur, etc., il suffit que ce soit sur le terrain de la personne qui veut user du droit que lui confère l'article 9-in fine.

A noter : la loi ne parle A) que du propriétaire du terrain ; le fermier, le colon partiaire, l'usufruitier n'ont donc qu'un simple droit de jouissance sur l'essaim, qui est réuni au fonds : l'appropriation par la mise en ruche est un cas non d'occupation, mais d'*accession* (art. 524, 615, 1018, 1064 C. c.; Fournel, v° abeilles, p. 19 ; Toullier, t. 4, n° 50) ; B) que du propriétaire de l'essaim à qui appartient seul le droit de suite avec *ses effets légaux.*

Il n'est pas nécessaire que le propriétaire ait lui-même suivi son essaim pour qu'il puisse en revendiquer la propriété ; il suffit que l'essaim *soit poursuivi en son nom*, qu'importe s'il a été perdu de vue durant quelques instants. La poursuite peut avoir été interrompue par une circonstance indépendante du propriétaire d'abeilles (telle que la tombée de la nuit) ; ce dernier n'en conserve pas moins le droit de ressaisir l'essaim fugitif, à condition qu'il ait repris la poursuite dès qu'elle est redevenue possible.

Il n'est pas nécessaire non plus, pour que le droit de suite puisse s'exercer, que les abeilles se soient envolées en la présence de leur propriétaire (Vaudoré, Droit rural, t. 2, n° 209).

Le droit de suite est permis, que l'essaim se soit réfugié dans une propriété close ou non close. Si la propriété est close, et si le propriétaire en refuse l'accès, le poursuivant le fera citer *a*) à bref délai, devant le juge de paix pour le voir condamner à livrer l'accès du fonds ou à remettre l'essaim, ou à en payer la valeur, *b*) ou encore devant le président du tribunal, statuant en référé, pour obtenir l'autorisation d'entrer dans le terrain clos. Si la propriété n'est pas close, le poursuivant a le droit d'y pénétrer : « Il ne s'agit pas de servitude, a dit M. le conseiller Babinet, mais d'une conséquence directe et légale du droit de propriété conservé sur des animaux échappés et dont l'exercice peut être protégé par l'intervention de l'action publique » (Ch. des requêtes, 1877, 24 janvier D.P. 77, 1. 165). Il a été jugé que celui qui refusait l'accès de son terrain, même clos, où l'essaim s'était réfugié, encourait la responsabilité du préjudice occasionné par suite de ce refus au propriétaire dépossédé (sentence du juge de paix de Doulan, 2 juillet 1875; trib. civ. de Rambouillet, 5 mai 1876, Ch. des requêtes, 24 janvier 1877, D. P. 1, 164 et 165) (1).

---

(1) Tribunal civil de Rambouillet : « Attendu qu'à diverses reprises, des essaims d'abeilles sortant des ruches établies par Lecoup sur son terrain et passant au-dessus du mur qui les sépare de la propriété de Saintin, ont été prendre gîte sur des arbres en dépendant ; que si, durant un long espace de temps, Saintin a autorisé Lecoup à venir reprendre possession des abeilles ainsi échappées de ses ruches, il s'y refuse aujourd'hui et fait appel du jugement le condamnant de ce chef à payer à Lecoup une somme de 8 fr. ; — Attendu que, si l'abeille peut être considérée comme étant un immeuble par destination tant qu'elle est dans la ruche destinée à l'exploitation du fonds sur lequel elle se trouve, elle perd ce caractère et devient propriété mobilière dès lors qu'elle en est sortie et a quitté le fonds auquel elle appartenait ; que, dans ce cas, bien que l'abeille doive être considérée comme étant partie sans esprit de retour, surtout s'il s'agit d'un essaim, le propriétaire en est encore en possession, aux termes de l'art. 5 de la loi du 28 septembre 1791, dès lors qu'il n'a pas cessé de le suivre ; — que, dans ce cas, sans aucun doute, son droit n'ayant subi aucune atteinte, est opposable à tous ceux qui voudraient s'emparer de l'essaim qui en fait l'objet, puisque la possession de ces derniers occupants serait précaire comme émanant *a non domino* ; — qu'il importe peu, dès lors, au point de vue du droit de propriété, et par conséquent, de revendication de l'essaim, que le domaine de Saintin soit ou non clos ; — attendu que, s'il peut s'opposer à l'exercice du droit de reprise de possession en refusant à Lecoup l'accès de sa propriété, il s'expose par là au jugement de la valeur des objets qu'il détient ainsi sans droit ; — attendu, dans l'espèce, qu'il résulte des témoignages entendus par le premier juge, que la revendication de Lecoup s'est

Dans tous les cas, d'ailleurs, que le propriétaire ait de bonne grâce autorisé l'accès de son fonds ou que le juge l'ait condamné à laisser pénétrer le poursuivant, celui-ci ménagera l'arbre ou tout autre objet sur lequel l'essaim se sera posé et indemnisera le propriétaire du fonds des dégradations qu'il aura faites, des dommages qu'il aura causés (art. 1382 C. c.).

Tant que l'essaim non poursuivi n'est pas fixé, il appartient au premier occupant ; c'est une *res nullius*..... (alioquin occupantis fit). Il en est de même de l'essaim qui s'est arrêté à un endroit déterminé, puis a repris son vol.

Exception au droit du propriétaire du terrain sur lequel l'essaim s'est fixé : le propriétaire n'en est pas maître :

a) S'il l'a attiré par fraude, ou encore,

b) Si l'essaim est poursuivi, et si, en cas de contestation, le poursuivant prouve qu'il lui appartient : la preuve testi-

---

toujours produite au moment où les abeilles posées sur les arbres de la propriété de Saintin, étaient encore visibles du jardin Lecoup qu'elles venaient de quitter ; — que sa demande est donc fondée, et que les éléments d'appréciation fournis au tribunal permettent d'évaluer à 8 francs la valeur des essaims indûment retenus. »

Pourvoi de Saintin pour fausse application de l'art. 1382 C. c. et de la loi du 28 septembre 1791, tit. 1, sect. 3, art. 5, en ce que le jugement attaqué a condamné le demandeur en cassation à des dommages-intérêts, alors qu'il n'avait commis aucune faute et qu'il n'avait fait qu'user de son droit en interdisant au défendeur éventuel l'accès du jardin clos de mur qui dépend de sa maison.

La Cour,

Sur le moyen tiré de la fausse application de l'art. 1382 C. c. et de l'art. 5 de la loi du 28 septembre 1791,

Attendu que, d'après les constatations de fait du jugement, Lecoup, défendeur éventuel, se trouvait dans le cas prévu par l'art. 5, sect. 3, titre 1 de la loi de 1791, et qu'il avait dès lors le droit de réclamer et de ressaisir chez son voisin l'essaim dont il n'avait pas cessé d'être propriétaire; Attendu qu'en s'opposant à l'exercice de ce droit et en refusant au réclamant l'accès de son terrain, Saintin a évidemment encouru la responsabilité du préjudice qu'il occasionne au propriétaire dépossédé par son fait, et que l'arrêt lui a fait à bon droit l'application de l'art 1382 C. civ., — rejette.

moniale et les présomptions précises sont admises (art. 1353, 1366, 1367 ç. c.).

Exception au droit de suite : On ne prévoit qu'une seule exception à ce droit, exception déjà relevée par Platon (Des lois, liv. 8) « pour le cas où l'essaim aurait pénétré dans les ruches mêmes du voisin, car il ne peut être permis de les renverser et d'en compromettre ainsi l'existence pour rentrer en possession des abeilles fugitives », mais il faut que les ruches du voisin soient pleines, autrement dit, habitées.

RÉSUMÉ

Tout propriétaire d'abeilles (— et le propriétaire seul –) peut poursuivre ses essaims fugitifs, soit par lui-même, soit par autrui, et en revendiquer la propriété.

Si l'essaim fugitif se fixe sur le terrain d'autrui, le poursuivant, dans le cas où la propriété est close, demande au propriétaire du fonds le droit de pénétrer ; ce droit lui est-il refusé, il s'adresse au juge de paix ou au président du tribunal. Dans le cas où la propriété n'est pas close, il pénètre à son gré. Mais que la propriété soit close ou non, il doit dédommager le propriétaire du fonds des dommages causés (art. 1382).

En cas de contestation, c'est au poursuivant à faire la preuve que l'essaim lui appartient.

L'essaim non poursuivi et qui ne s'est pas fixé appartient au premier occupant.

L'essaim non poursuivi et qui s'est fixé appartient au propriétaire du terrain sur lequel il s'est fixé, et seulement à ce propriétaire.

Une exception au droit de suite du propriétaire de l'essaim : L'essaim est entré dans une ruche habitée ; le propriétaire ne peut alors le réclamer.

Deux exceptions au droit du propriétaire du fonds de s'emparer de l'essaim qui se fixe sur son terrain :

a) Il a attiré l'essaim par fraude ;

b) Ou l'essaim est poursuivi et le poursuivant prouve qu'il est sien.

DEUXIÈME PARTIE

Principes généraux.
Textes antérieurs au Code rural. — Code civil.
Loi de frimaire an VIII. — Code pénal.
Circulaire
de l'Administration des Contributions indirectes. Etc.

CHAPITRE I

De la destruction des Ruches d'autrui

Les abeilles — propriété privée — ne sont ni des animaux sauvages (quoiqu'en dise L Becquet, v. bêtes, n° 523), ni des animaux domestiques, mais des animaux d'une nature mixte ; leur destruction par manœuvre frauduleuse est réprimée par le Code pénal :

ART. 479-1. — Sont punis d'une amende de onze à quinze francs inclusivement :

1° Ceux qui, hors les cas prévus depuis l'art. 434 jusques et y compris l'art. 462 auront volontairement causé du dommage aux propriétés mobilières d'autrui.

Les alinéas 2, 3, 4 de l'article 479 C. P. supposent des dommages causés par des moyens limitativement déterminés ; ils ne sont donc pas applicables en l'espèce ; il en est de même des articles 452, 453 et 454 C. P. qui punissent ceux qui tuent sans nécessité des animaux domestiques.

Il a été jugé que le fait de verser de l'eau bouillante sur les ruches, et de causer ainsi la mort des abeilles, constitue la contravention de dommage aux propriétés mobilières prévue par l'article 479-1 C. P. (Toulouse 3 et 30 mars 1876, D. P. 76, 2, 145-146) (1); le propriétaire n'en conserve pas moins une action civile en dommages-intérêts basée sur l'article 1382 du Code civil.

---

(1) Premier arrêt :

« La Cour,

Attendu que Taillefer, cité en police correctionnelle à la requête du ministère public sous la prévention d'avoir, sans nécessité, tué des abeilles appartenant aux époux Maury, a soulevé avant tout débat une exception d'incompétence prise de ce que les abeilles ne pouvant pas être considérées comme des animaux domestiques, le fait en le considérant établi, ne rentrerait pas dans les prévisions de l'art. 454 du C. P.;

Attendu, à cet égard, que d'après les indications fournies par la doctrine et la jurisprudence, les animaux domestiques sont ceux qui se familiarisent avec l'homme, vivent autour de lui dans son habitation, sont nourris et se reproduisent par ses soins; que les abeilles conservent, même après l'occupation de l'homme, le naturel sauvage que leur reconnaissait la loi romaine; que, loin de vivre près de l'homme ou sous son toit, elles sont éloignées de son habitation à raison des inconvénients, même des dangers que présente leur voisinage; que les abeilles se familiarisent si peu avec l'homme, qu'on est obligé de prendre des précautions pour approcher des ruches et enlever le miel que les insectes ont déposé dans les cellules ;

Attendu que si, dans une certaine mesure, la surveillance et les soins du propriétaire s'exercent pour la conservation et la nourriture des abeilles, celles-ci pourvoient principalement à leur subsistance en butinant sur les arbustes et sur les fleurs voisines des ruches, et en y rapportant les sucs qu'elles ont recueillis ;

Attendu que ces différences essentielles ne permettent pas de classer les abeilles dans la catégorie des animaux domestiques; que la loi pénale ne pouvant recevoir d'interprétation extensive, le tribunal a déclaré avec raison que les faits reprochés au prévenu ne constituaient pas le délit prévu par l'art. 454 du C. P. ;

Attendu, néanmoins, que les premiers juges ne pouvaient comme ils l'ont fait se dessaisir et renvoyer le ministère public à se pourvoir ainsi qu'il aviserait ; qu'effectivement, aucun renvoi n'étant demandé par ceux qui seuls ont droit de le requérir, le Tribunal devait examiner si

Il a été jugé également que « le fait de détruire des

---

les faits servant de base à la poursuite ne constituaient pas tout au moins une contravention de police ; que la situation étant la même en appel, la même obligation est imposée à la Cour par l'art. 213 C. I. C. ;

Attendu que la destruction des abeilles imputée à Taillefer constituerait la contravention prévue par l'art. 479-1 C. P., lequel punit le dommage volontairement causé aux propriétés mobilières d'autrui, hors les cas prévus par les dispositions du même code que l'art. 479 énumère; qu'en effet, cet article n'exclut aucun mode de dommage, aucun des actes volontairement préjudiciables aux propriétés mobilières d'autrui ;

Attendu à la vériié que les ruches à miel sont classées au nombre des immeubles par destination, par l'art. 524 C. c. mais que cette fiction de la loi est subordonnée à la condition que les divers objets énumérés en l'article précité ont été placés par le propriétaire d'un fonds sur ce fonds lui-même, pour son exploitation ;

Attendu qu'il résulte des renseignements recueillis dans la procédure et notamment des explications fournies à M. le Juge de paix du canton de Lavelanet, dans l'enquête officieuse dont ce magistrat a été chargé, que les ruches détruites en grande partie par un fait volontaire appartenaient par indivis aux époux Maury et aux héritiers Mousareau et étaient placés dans un jardin appartenant à ces derniers ; qu'au regard des époux Maury, les ruches constituent évidemment une propriété mobilière, puisqu'elles n'avaient pas été attachées à un fonds leur appartenant, dans les conditions déterminées par la loi civile ;

Attendu que la Cour ne trouve ni dans le procès-verbal dressé le 14 décembre dernier par M. le Commissaire de police, ni dans les indications recueillies par M. le Juge de paix du canton de Lavelanet, des éléments suffisants pour entraîner sa conviction ; qu'il est donc indispensable d'ordonner l'audition des témoins à l'audience ;

Par ces motifs,

La Cour, statuant sur l'appel du ministère public, confirme le jugement rendu par le tribunal de Foix dans les dispositons décidant que les faits imputés au prévenu Taillefer ne constituent pas le délit prévu par l'art. 454 C. P. ; déclare néanmoins que les mêmes faits, s'ils étaient établis, constitueraient la contravention de police réprimée par l'art. 479-1 C. P. ; en conséquence, avant de statuer définitivement, ordonne qu'à la diligence de M. le Procureur Général, le sieur Taillefer et les témoins que le ministère public et le prévenu croiront produire, seront cités pour être entendus à l'audience de la Cour du 30 du présent mois ;

Ordonne que le présent arrêté sera mis en exécution à la diligence de M. le Procureur général. »

Deuxième arrêt :

« La Cour,

Attendu, qu'il résulte des débats et des dépositions des témoins

abeilles placées dans des troncs d'arbres ou sur une propriété non close constitue non le délit de soustraction frauduleuse, mais la contravention de dommage causé volontairement aux propriétés mobilières d'autrui puni par l'article 479-1 C. P. » (C. d'Orléans, 25 janvier 1887, D. supp. R. V° Dr. rural) (1).

---

entendus à l'audience sous la foi du serment que Taillefer a été vu versant de l'eau bouillante sur les ruches appartenant pour partie à la femme Dariès ; que les abeilles brûlées ont été trouvées mortes dans l'intérieur de la ruche ;

Attendu que les faits constatés à la charge du prévenu constituent la contravention prévue par l'art. 479-1 C. P., lequel est général dans ses termes, et réprime en dehors des cas dont s'occupent les art. 434 et 462 du même code, tous les dommages causés volontairement aux propriétés mobilières d'autrui ;

Attendu qu'à l'égard de la femme Dariès les ruches étaient de nature mobilière, puisqu'elle ne les avait point attachées à des fonds lui appartenant ;

Par ces motifs,

Déclare Taillefer convaincu d'avoir, à Lavelanet, le 11 décembre 1875, volontairement causé un dommage aux propriétés mobilières appartenant à la femme Dariès, en détruisant des abeilles, propriété de cette dernière; pour réparation de quoi condamne Taillefer à la peine de 15 fr. d'amende, etc. »

(1) « La Cour,

En ce qui concerne la prévention de tentative de soustraction frauduleuse d'abeilles :

Attendu qu'il est constant et reconnu par les prévenus qu'ils ont tenté, le 2 décembre 1886, de s'emparer du miel de deux essaims d'abeilles placés dans des troncs d'arbres existant sur la propriété non close des sieurs Boulay et Lebrun, et qu'ils ont détruit, à l'aide d'une mèche soufrée, les abeilles de l'arbre appartenant au sieur Lebrun ; que rien n'établit qu'ils aient eu l'intention de s'emparer des abeilles : que les circonstances de la cause sont mêmes exclusives de cette intention ; que le fait d'avoir détruit ces abeilles constitue non le délit de soustraction frauduleuse, mais une contravention prévue et punie par l'art. 479 C. P.

Sur la prévention de tentative de soustraction frauduleuse du miel appartenant à autrui :

Attendu qu'il résulte de l'instruction et des débats que les prévenus ont annoncé à diverses personnes qu'ils avaient trouvé des nids d'abeilles et qu'ils allaient s'emparer de leur miel ; que le fait de prendre le miel que l'on découvre dans les troncs d'arbres de propriétés non closes n'est envisagé dans leur canton que comme une sorte de prise de possession

L'immobilisation, qui n'est qu'une fiction de la loi (art. 524 C. c.), n'a aucune influence sur la qualification légale des faits au point de vue de la loi pénale : le juge « auquel on demande l'application de l'article 479-1 C. P. doit se préoccuper de la nature même des objets endommagés, et voir s'ils sont mobiliers ou immobiliers *par essence*, mais nullement de la qualification accidentelle que les actes du propriétaire ou les conventions conclues par lui avec des tiers ont pu donner à ces objets au point de vue du droit civil, sans quoi, il serait souvent fort difficile aux magistrats de statuer sur l'applicabilité de la loi pénale, et le prévenu trouverait une impunité inespérée dans des circonstances absolument étrangères à la question de culpabilité. » (D. P. 1876, 2, 145, note 1 et 2). Ainsi lorsque des essaims indivis entre le propriétaire du fonds où ils sont placés et un tiers sont détruits soit à l'aide d'eau bouillante, soit différemment, l'article 479-1 C. P. s'applique aussi bien à la partie des essaims appartenant au propriétaire du fonds qu'à la partie des essaims appartenant au tiers à l'égard duquel les ruches ne sont pas immeubles par destination. S'il en était différemment, il eut suffi que, quelques jours avant les faits incriminés « par une convention même restée secrète, le tiers, copropriétaire des

ou de droit du premier occupant, et que s'il peut donner lieu à des réparations civiles, il n'est pas considéré comme une soustraction ; que les premiers juges ont fait résulter l'intention frauduleuse des prévenus de ce qu'ils avaient opéré la nuit et de leur fuite au moment où ils avaient été découverts par les propriétaires des arbres ; mais qu'il y a lieu de considérer que, quelle que pût être l'intention des frères Bigot, ils ne pouvaient s'attaquer à un essaim d'abeilles qu'au moment où il était endormi ou engourdi, afin d'éviter tout danger ; que si les prévenus ont pris la fuite, ils ne l'ont fait qu'au moment où le propriétaire de l'arbre et leurs amis ont tiré des coups de fusil dans leur direction, et qu'ils ont agi sous l'influence d'un sentiment de crainte bien suffisante pour expliquer leur fuite en dehors de toute intention frauduleuse ; que cette intention constitutive du délit de vol n'est nullement établie.

Par ces motifs....., infirme, etc. »

abeilles, eût vendu sa part indivise au propriétaire du jardin, pour que le prévenu eût pu détruire tous les essaims sans encourir la moindre pénalité » (D. P. précité), ou encore, l'on en arriverait à cette conclusion au moins bizarre, dans le cas où aucune convention n'aurait eu lieu : le coupable serait condamné pour avoir détruit les abeilles de ce tiers et il serait acquitté à raison de la destruction des abeilles du propriétaire du terrain ! (Voir C. de Bourges, 17 décembre 1868, D. P. 69, 2, 47 (1).

---

(1) Des animaux avaient été confiés, à titre de cheptel de fer, par un propriétaire à son fermier ; celui-ci ayant vendu ou enlevé tout ce bétail, fut poursuivi pour abus de confiance ; mais il prétendit que le délit puni par l'art. 408 C. P. n'existait pas légalement, parce que ces animaux étaient immeubles par destination. A cet argument, la Cour de Bourges répond : « La loi, en soumettant certains meubles, dans un intérêt d'ordre public, aux règles édictées pour la possession et la transmission des immeubles, n'a pu en changer la nature ni les conditions matérielles d'existence ; elle ne peut pas les rendre adhérents à l'immeuble auquel elle les incorpore, ni faire même qu'ils emportent avec eux, lorsqu'on les déplace, la trace de cette incorporation fictive et du caractère légal qui leur aurait été imposé ; de là résulte la nécessité de faire rentrer ces objets dans la catégorie des meubles sur tous les points auxquels il n'est pas expressément dérogé, de leur appliquer, par ex., l'article 2259 C. c. sur l'acquisition par la possession et la protection des art. 408 et 379 C. P. (Détournement et soustration frauduleuses) ; autrement, il faudrait aller jusqu'à dire que les animaux, une fois incorporés à la ferme, ne s'acquièrent plus que par titre et que le voleur qui enlève dans un champ un animal employé à la culture a usurpé un immeuble et n'est passible d'aucune peine ». — Pourquoi les mêmes raisons ne seraient-elles pas invoquées en ce qui concerne les autres délits relatifs à des propriétés mobilières, et notamment la contravention prévue par l'art. 479-1 C. P. — Les motifs donnés par la Cour de Bourges paraissent même applicables *a fortiori* dans l'hypothèse qui nous occupe ; car le caractère d'immeubles par destination des bestiaux détournés résultait d'un contrat intervenu entre le propriétaire et le fermier prévenu d'abus de confiance, tandis que l'auteur de la destruction des abeilles était complètement étranger aux circonstances spéciales qui, au point de vue du droit civil, devaient faire considérer les ruches comme immeubles par destination, et il ne pouvait par conséquent pas invoquer ce fait comme moyen de défense. » (D. P. 1876, 2, 146 ; voir aussi D. P. 1869, 2, 47).

RÉSUMÉ

Toute destruction d'abeilles est réprimée par l'art. 479-1 du Code pénal, qu'importe si les abeilles sont immeubles au point de vue du droit civil.

CHAPITRE II

Du vol d'abeilles

Le vol d'abeilles, comme celui de pigeons, de lapins, de volailles et « autres animaux domestiques » (les abeilles étaient alors considérées comme animaux domestiques) était qualifié de *larrcoin* dans l'ancien droit, et puni de peines arbitraires (Damhaudère, Pratique des causes criminelles, ch. 113), selon les circonstances du fait, la modicité de l'objet et la qualité du coupable ; le droit romain accordait l'action *furti* à tout propriétaire dont les abeilles avaient été prises par quelqu'un. (L. 8, § 1, D., de famil. erciscund.). Le Code pénal de 1791 (art. 27) punissait le vol d'une ruche de 4 ans de détention lorsqu'il avait eu lieu le jour, et de 6 années de la même peine lorsqu'il avait été commis la nuit.

Aujourd'hui, le vol d'une ruche est réprimé soit par la loi du 25 frimaire an VIII, soit par le Code pénal et conformément au droit commun, selon que l'on admet que le Code pénal a ou non abrogé la loi de frimaire : la question est controversée.

A. — D'après certains auteurs la loi de frimaire an VIII n'a pas été abrogée par le Code pénal de 1810 ; en effet, dit-on, ce dernier garde le silence sur le vol des ruches (arg. de l'art. 484) et une loi générale postérieure ne déroge pas, à moins de s'en exprimer formellement, à une loi spéciale antérieure.

Art. 11. — Tout vol de charrues, instruments aratoires, chevaux et autres bêtes de somme, bétail, vaches, ruches d'abeilles, marchandises et effets exposés sur la voie publique, soit dans les campagnes, soit sur les chemins, ventes de bois, foires, marchés et autres lieux publics, sera puni des mêmes peines énoncées au précédent article.

Art. 10. — Tout vol commis dans un terrain clos et fermé, si ledit terrain ne tient pas immédiatement à une maison habitée, sera puni d'une peine qui ne pourra être moindre de trois mois, ni excéder une année d'emprisonnement s'il a été commis le jour, ou qui ne pourra être moindre de six mois, ni excéder deux années, s'il a été commis la nuit.

La peine à prononcer par les tribunaux correctionnels varie donc de 3 mois à une année d'emprisonnement et de 6 mois à deux années, suivant que le vol a été commis le jour ou la nuit, et sans qu'il soit besoin de distinguer, comme pourrait le donner à supposer l'article 10 précité, si le terrain est clos ou non, s'il est ou non attenant à la maison. Mais alors sera-t-il permis de la mitiger par l'admission de circonstances atténuantes ? Non, répond-on, car, tandis qu'en matière criminelle, l'article 463 du Code pénal s'applique à toutes les peines, en matière correctionnelle et de police, à moins d'une disposition expresse, les articles 463 et 483 de C. P. ne s'appliquent qu'aux délits et contraventions prévus par le Code pénal et non par une loi spéciale (arg. de l'art. 341 C. I. C.). Cette solution est d'autant plus certaine, dit M. Garraud (Précis de droit criminel, p. 298) que « dans la discussion de la loi de 1832, un amendement tendant à appliquer l'article 463 à toutes les infractions, sans distinction, fut proposé et rejeté par ce motif qu'il eût été impossible de déterminer les limites de l'innovation. Il est à remarquer, du reste, que presque toutes les lois, promulguées depuis 1832, déclarent expressément que l'article 463 ou l'article 483 du Code pénal sera applicable aux infractions qu'elles prévoient ou répriment.» En conséquence les circonstances atténuantes dont le but est de diminuer la criminalité de l'infraction ou la culpabilité de l'agent, ne seront jamais accordées dans l'hypothèse qui nous occupe, car la loi de frimaire an VIII, antérieure au Code pénal, est muette sur ce point (voir Bouniceau-Gesmon, Rev. pratique, 1869, t. 27, p. 417 et s. ; D. rép. supp. v° droit rural, n° 103).

B) Nous pensons au contraire que la loi du 25 frimaire an VIII a été abrogée par le Code pénal de 1810. La loi de l'an VIII n'a pas le caractère d'une loi spéciale ; elle fait corps avec le Code pénal de 1791, dont elle a modifié certaines dispositions et elle a été, à son tour, — c'est notre avis, du moins — abrogée par le Code de 1810 ; on trouve en faveur de cette solution un passage qui paraît assez probant de l'exposé des motifs du conseiller d'Etat Faure, dans les travaux préparatoires (Locré, t. 31, p. 144, n° 11 ; voir également D, Rép. V° vol et escroquerie, n° 393).

Le vol d'abeilles nous semble donc tomber sous l'application de l'art. 401 du C. P. et lorsqu'il est commis avec les circonstances aggravantes d'escalade ou d'effration, sous celle de l'article 384 du C. P., conformément au droit commun.

Art. 401. — Les autres vols non spécifiés dans la présente section, les larcins et filouteries, ainsi que les tentatives de ces mêmes délits, seront punis d'un emprisonnement d'un an au moins et de cinq ans au plus, et pourront même l'être d'une amende qui sera de seize francs au moins et de cinq cents francs au plus.

Les coupables pourront encore être interdits des droits mentionnés à l'art. 42 du présent Code, pendant cinq ans au moins et dix ans au plus, à compter du jour où ils auront subi leur peine.

Ils pourront aussi être mis, par l'arrêt ou le jugement, sous la surveillance de la haute police pendant le même nombre d'années . . . .

Art. 384. — Sera puni de la peine des travaux forcés à temps tout individu coupable de vol commis à l'aide d'un des moyens énoncés dans le n° 4 de l'article 881, même quoique l'effraction, l'escalade et l'usage des fausses clefs aient eu lieu dans des édifices, parcs ou enclos non servant à l'habitation et non dépendant des maisons habitées et lors même que l'effraction n'avait été qu'intérieure.

Art. 381. — Seront punis des travaux forcés à perpétuité les individus coupables de vols commis avec la réunion des cinq circonstances suivantes:

1° Si le vol a été commis la nuit;

2° S'il a été commis par deux ou plusieurs personnes;

3° Si les coupables ou l'un d'eux étaient porteurs d'armes apparentes ou cachées;

4° S'ils ont commis le crime, soit à l'aide d'effraction extérieure, ou d'escalade, ou de fausses clefs, dans une maison, appartement, chambre ou logement habités ou servant à l'habitation, ou leurs dépendances, soit en prenant le titre d'un fonctionnaire public ou d'un officier civil ou militaire, ou après s'être revêtus de l'uniforme ou du costume du fonctionnaire ou de l'officier, ou en alléguant un faux ordre de l'autorité civile ou militaire;

5° S'ils ont commis le crime avec violence ou menace de faire usage de leurs armes.

Dès lors, aucune raison pour refuser au juge le droit d'accorder les circonstances atténuantes (arg. de l'art. 341 C. I. C.)

RÉSUMÉ

Tout vol d'abeilles est réprimé, selon les uns, par les articles 10 et 11 de la loi du 25 frimaire; dans ce cas, les tribunaux correctionnels sont compétents et les circonstances atténuantes ne peuvent être accordées par le juge.

En ce qui nous concerne, nous prétendons que le vol d'abeilles tombe sous l'application de l'art 401 C. P., et lorsqu'il est commis avec les circonstances aggravantes d'escalade, d'effraction, etc., sous celle de l'art. 384 C. P., conformément au droit commun. — Les circonstances atténuantes peuvent être accordées.

CHAPITRE III

De la Responsabilité du propriétaire d'Abeilles.

Les abeilles qui volent et reviennent à leurs ruches constituent une propriété privée. Il en résulte qu'un propriétaire d'abeilles est passible des articles 1382, 1383, 1385 du code civil.

Art. 1382. — Tout fait quelconque de l'homme qui cause à autrui un dommage, oblige celui par la faute duquel il est arrivé à le réparer.

Art. 1383. — Chacun est responsable du dommage qu'il a causé non-seulement par son fait, mais encore par sa négligence ou son imprudence.

Art. 1385. — Le propriétaire d'un animal ou celui qui s'en sert, pendant qu'il est à son usage, est responsable du dommage que l'animal a causé, soit que l'animal fût sous sa garde, soit qu'il fût égaré ou échappé.

Cette responsabilité du propriétaire d'abeilles couvre aussi bien les accidents occasionnés aux personnes et aux animaux que les dommages causés aux fruits et aux récoltes (loi du 21 Juin 1898). Les abeilles dit le rapporteur « outre qu'elles font des piqûres désagréables ou redoutables pour le passant, peuvent être nuisibles à certaines récoltes ou à certaines industries. On prétend qu'un grand raffineur évalue à 3.000 k., la quantité de sucre qu'elles lui enlèvent chaque année. »

Art. 17. — Les maires prescrivent aux propriétaires de ruches toutes les mesures qui peuvent assurer la sécurité des personnes, des animaux, et aussi la préservation des récoltes et des fruits.

Jugé : l'accident occasionné par des abeilles que l'opération de la cueillette du miel avait rendues furieuses et consistant en ce que des chevaux piqués par elles se sont emportés et ont jeté une personne en dehors de la voiture qu'ils traînaient, engage la responsabilité du maître de ces abeilles (art. 1385 C. C.).

Mais le propriétaire du rucher n'est responsable que s'il est prouvé que le dommage causé est le fait de ses propres abeilles : jugé que lorsqu'une raffinerie (1) est entourée de ruchers divers, les apiculteurs ne sauraient être déclarés responsables d'aucun dommage, s'il n'est établi auparavant que ce dommage est le fait de leurs abeilles (Trib. de la Seine, 7 mars 1888, D. rép. supp., V° Droit rural, p. 553) (2).

---

(1) En Autriche les raffineries sont obligées d'avoir portes et fenêtres garnies de treillis en fil de fer, pour empêcher les abeilles de pénétrer dans l'intérieur.

L'abeille volant à quatre kilomètres, il est logiquement impossible de prescrire une distance à observer lorsqu'il y a des raffineries dans ce rayon de quatre kilomètres ; elle sera toujours attirée par l'odeur du sucre. Le contraire serait tuer l'apiculture de la région et sacrifier l'intérêt d'un seul parfois (— le raffineur —) à celui de plusieurs....

(2) « Le Tribunal ; — Attendu que la société La Raffinerie Parisienne, propriétaire d'une usine à St-Ouen, demande contre trois apiculteurs, Champagne, Lefebvre, Longo, l'enlèvement de leurs ruches sous une astreinte de 200 fr. par jour, et des dommages-intérêts, soit 20.000 fr. à Champagne, 15.000 à Lefebvre, 15,000 à Longo ; — Attendu qu'il est constant que les trois défendeurs, domiciliés à Coye (Oise), sont propriétaires de nombreuses ruches d'abeilles qu'ils transportent dans la saison des fleurs, en maintes localités des départements de l'Oise, de Seine-et-Marne, de Seine-et-Oise et à St-Ouen ; qu'à St-Ouen, l'usine de la raffinerie est envahie pendant ladite saison, par une quantité d'abeilles, qu'il résulte du rapport de l'expert Kehan et des documents du procès que, attirées par le sucre, les abeilles pénètrent par milliers dans l'usine, par les fenêtres, les portes, les cheminées et toutes les ouvertures de moindre dimension ; — qu'elles butinent dans les sirops, les mélasses, en consomment une grande quantité, y meurent souvent, en sorte que les pains où se trouvent leurs corps doivent être refondus ; — qu'elles piquent et blessent les ouvriers qui travaillent demi-nus ; — Attendu que le trouble et le dommage constatés sont réels ; qu'ils sont peut-être causés par le voisinage très rapproché des ruches, ce qui pourrait laisser supposer une idée de spéculation de la part des apiculteurs ; — Attendu que si, en principe, les abeilles sont sauvages et *res nullius*, il n'en est pas ainsi dans l'espèce, où domestiques, elles sont transpor-

D'après un jugement du Tribunal d'Agen, les abeilles ne pouvaient endommager les fruits : il ne devait donc être question d'une action en dommages-intérêts à raison d'un pareil dommage. (V. Montels, Rev. pratique 1872, t. 33, p. 293). La Cour de Paris avait cependant rendu un arrêt en sens contraire (29 mars 1879, D. rép. supp. V° Droit rural) (1).

---

tées pour un temps, pour être ensuite reportées au domicile des apiculteurs, lors de la cueillette du miel ; — Attendu qu'en ces conditions, aux termes des art. 1383 et 1385 C. c., les propriétaires desdites abeilles seraient tenus de réparer le dommage causé par ces animaux pendant le temps qu'ils s'en servent, pourvu que la faute ou la responsabilité desdits propriétaires fût clairement démontrée ; — mais attendu que d'autres apiculteurs sont établis dans la contrée, dès avant la fondation de l'usine ; que même, l'un des défendeurs au moins, Longo, est dans ce cas ; que des ruches placées à St-Ouen sont à proximité de la plaine de Gennevillers, qui produit des prairies artificielles, trèfles, sainfoins luzernes, arbres fruitiers et joint des côtes boisées ; que tous ces végétaux, très recherchés pour la nourriture des abeilles, ont pu y attirer les apiculteurs indépendamment de la raffinerie ; — Attendu que les essais faits pour reconnaître la provenance des abeilles trouvées à l'usine, à l'aide d'une poudre colorante, n'ont pas réussi à cause de la distance à traverser par les abeilles, qu'en effet, toutes les ruches sont, d'après les constats, à plus de 100 mètres de la raffinerie ; — Attendu qu'ainsi la preuve à rapporter par la société demanderesse contre les défendeurs n'est pas fournie ; que l'expertise n'a pu l'établir ; — que la société demanderesse n'a fait aucune articulation permettant de compléter la preuve qui lui incombe ; — qu'ainsi le trouble et le dommage constatés ne peuvent être sûrement imputés aux défendeurs ; — Par ces motifs, — Déclare la Raffinerie Parisienne mal fondée....

(1) La Cour,

Considérant que Gustave Bardout a établi 32 ruches à miel contenant environ huit cent mille abeilles, dans une petite pièce de vigne de quelques ares qui lui appartient ; mais à la distance seulement de 17 mètres du jardin et de 30 mètres de la maison de l'appelant Vaudin ; — Considérant que les experts nommés par le tribunal ont constaté que ces abeilles envahissent le jardin dudit appelant ; qu'en 1876, elles y ont presque entièrement détruit les raisins et diverses sortes de fruits ; que, au temps de la maturité, elles couvrent en grand nombre ces fruits, qu'il devient impossible de les récolter sans s'exposer à des piqûres plus ou moins dangereuses ; — Considérant qu'ils constatent également que leur voisinage incommode et souvent dangereux oblige Vaudin et sa

Le législateur de 1898 semble, dans une certaine mesure, s'être inspiré de cette dernière décision. Si, de par la nature de leurs mandibules, les abeilles ne peuvent attaquer les fruits sains — et ceci est à retenir, car nombre d'experts et même, hélas ! de magistrats, l'ignorent — il arrive qu'elles s'abattent sur une treille dont les raisins excessivement mûrs ont déjà la pellicule entamée (excès de maturité, piqûres d'insectes, de guêpes, par ex., etc.) : dès lors, en recueillant le suc prêt à s'échapper, elles travaillent pour autrui, privent le propriétaire de la treille ou du gain, — peu élevé sans doute, — provenant de la vente de ses fruits trop mûrs, ou simplement de la quan-

---

famille à des précautions minutieuses pour éviter les inconvénients sérieux auxquels leurs personnes peuvent être exposées ; — Considérant qu'en telle circonstance, il y a grave abus et cause permanente de préjudice; que, par suite, Vaudin est en partie atteint dans la libre jouissance de sa propriété; que le nombre des ruches à miel de Gustave Bardout excède manifestement la limite de la tolérance entre voisins; — Considérant que la faveur due à une utile industrie agricole ne peut en autoriser les abus ; — Considérant que Gustave Bardout est tenu, aux termes des art. 1383 et 1385 C. c., non seulement de réparer le préjudice qu'il a occasionné, mais aussi d'en faire cesser la cause; — Considérant que, pour apprécier l'importance des dommages-intérêts, les premiers juges, se fondant sur certaines données de la science, ont cru pouvoir décider que le principal dommage ne devait pas être attribué aux abeilles de l'intimé ; — mais considérant qu'au contraire des nombreux documents fournis devant la Cour il ressort en preuve que si, d'ordinaire, les abeilles ne peuvent entamer les fruits entièrement sains, elles se jettent avidement sur tous ceux dont la pellicule est ouverte, soit par la piqûre d'un autre insecte, soit à raison d'un excès de maturité, et qu'elles ravagent ainsi les vergers aux alentours de leurs ruches; — Considérant que de plus les experts, au moment de leur visite, ont constaté que les abeilles des intimés recouvraient les haies, les arbres, même les pierres et les bords d'une petite fontaine; qu'elles avaient envahi tout le jardin de Vaudin; qu'elles mangeaient et avaient déjà détruit les framboises, les fraises et les raisins d'une treille ; qu'ils ont estimé la perte subie à 627 fr. ; — Considérant qu'en tenant compte, autant que possible, de la part du préjudice qu'il convient d'attribuer aux autres insectes dont Gustave Bardout n'a pas à répondre on ne peut réduire l'évaluation à moins de 200 fr., etc. »

tité équivalente de suc recueilli, et engagent ainsi la responsabilité de leur maître. Mais dans l'appréciation de l'étendue de ce dommage, les juges ou les experts ne doivent pas oublier que les mandibules de l'abeille ne lui permettent pas de percer les fruits sains. De plus, comme nous l'avons déjà posé en règle, la preuve de la responsabilité incombe au demandeur à l'instance.

Un essaim en partance, non poursuivi et qui ne s'est pas fixé, nous l'avons dit, est une *res nullius* au même titre que le gibier. Il n'appartient à personne et n'engage la responsabilité de personne. Alors seulement, l'abeille, selon nous, est un animal sauvage. Cependant, et nous ne saurions trop le répéter, le propriétaire de l'essaim fugitif, sans même exercer son droit de suite, est rendu responsable lorsqu'il est prouvé que le dommage a été produit par ses propres abeilles : cela arrivera par exemple si, au sortir de la ruche placée près de la voie publique, les abeilles en masse se précipitent sur le cheval d'un passant, tandis qu'une autre partie de la grappe pend encore au guichet de la ruche (1), et si, au surplus, il n'y a pas d'autres ruches à une certaine distance (2 à 3 kilomètres).

Enfin, au sujet de la responsabilité de la personne sur le terrain de qui l'essaim non poursuivi s'est fixé : la loi reconnaît un droit au propriétaire du terrain, celui de s'emparer de l'essaim, mais elle ne lui en fait pas une obligation ; il ne pourra donc être rendu responsable que s'il a mis l'essaim en ruche ou encore, à notre sens, s'il a fait d'une manière quelconque acte de propriétaire. Gaïus, certains auteurs et, après eux, Dalloz, prétendent, il est vrai, « que tant que l'essaim n'est pas renfermé dans une

(1) Les apiculteurs prétendent, toutefois, que la grappe n'est pas une présomption d'essaimage accompli ; d'abord parce qu'elle peut exister à toutes les ruches lorsque la population de celle-ci est trop à l'étroit et que la température ambiante est très élevée ; ensuite, parce que généralement une ruche qui a essaimé ne fait plus la barbe.

ruche, il ne constitue pas une propriété privée, il est libre comme une troupe de corbeaux, et peut s'envoler vers d'autres régions. » C'est possible, mais il n'en serait pas moins exhorbitant qu'une personne en faveur de qui existe une présomption de propriété et qui a aspergé l'essaim pour l'amener à se rassembler complètement, posé sous l'arbre une boîte enduite de mélisse ou de tout autre plante aromatique, dégarni la branche pour la mieux couper ou la mieux secouer, pris en un mot toutes les mesures nécessaires afin d'en devenir maître, ne subît point la responsabilité de ses actes. Si cette personne n'avait interrompu le vol des abeilles en contraignant les dernières fuyardes à se joindre à la masse, et ne s'était entourée de tant de précautions, l'essaim aurait peut-être suivi une autre direction, et l'accident ne se serait pas produit. Nous pensons qu'il y a là une question d'appréciation que les juges ont à trancher en recherchant le moment précis où le propriétaire du terrain est devenu propriétaire de l'essaim et, comme tel, responsable.

L'action en dommages-intérêts n'est pas seulement donnée contre le propriétaire des abeilles, mais encore contre ceux qui les détiennent ou gardent pour leur propre compte, exemple un usufruitier, un locataire, etc. : ils sont alors responsables aux lieux et place du propriétaire. Un préposé serait lui-même responsable pour faute personnelle dont la preuve serait administrée contre lui (Paris, 10 mars 1892, D. P. 94, 2. 115). Si le maître des abeilles est le domestique du propriétaire sur le fonds de qui elles sont placées, celui-ci est associé à la responsabilité de son serviteur pour avoir toléré le placement des ruches ou la cueillette du miel, alors que l'un ou l'autre offrait des dommages pour les passants (C. Limoges 5 décembre 1860, D. P. 67, 5, 368). (1)

(1) « La Cour,

En droit, attendu que, suivant l'art. 1385 C. c., le propriétaire d'un

L'action en dommages appartient au maître de la chose endommagée ou détruite, à celui qui eut à souffrir d'un préjudice quelconque, ainsi qu'à celui qui a un intérêt légitime : Ex. : sur un cheval prêté, des abeilles se sont ruées, et il a fallu l'abattre : la personne à qui il a été prêté sera en droit de réclamer des dommages-intérêts. Elle est transmissible aux héritiers ou successeurs de la partie lésée (Inst., liv. 4, tit. 2 et L. 1 de priv. delict.);

RÉSUMÉ

Tout propriétaire d'abeilles en est responsable en vertu des art. 1382, 1385 du C. c., mais il n'est responsable qu'autant qu'il est prouvé que le dommage causé est le fait de ses abeilles.

Cette responsabilité s'étend aux dommages causés aux personnes, aux animaux, aux récoltes et aux fruits ; il importe, toutefois, dans l'évaluation du dommage, de ne pas oublier que l'abeille ne peut entamer les fruits sains.

Le propriétaire du terrain sur lequel s'est fixé l'essaim est

---

animal est responsable du dommage causé par cet animal, soit que l'animal fût sous sa garde, soit qu'il fût égaré ou échappé, et que suivant l'art. 1383 du même code, chacun est responsable du dommage qu'il cause, non seulement par son fait, mais encore par sa négligence ou par son imprudence.

En fait, attendu qu'il est avéré que Sauvanet, domestique de Béraud, est propriétaire de ruches d'où se sont échappées les abeilles qui ont été la cause occasionnelle de la mort du jeune Legrand, et que d'abord à ce titre Sauvanet est tenu de la responsabilité ;

Attendu, en outre, qu'il y a eu imprudence de sa part, à avoir placé ses ruches dans le voisinage de la route et à n'avoir pris aucune précaution, pendant la cueillette du miel, pour avertir les passants du danger auquel ils étaient exposés, et qu'ainsi sous ce nouveau rapport, Sauvanet est encore passible de la responsabilité;

Attendu que cette imprudence est aussi imputable à Béraud, qui n'aurait pas dû permettre à son domestique de placer ses ruches dans son enclos, à une aussi grande proximité de la route, sans veiller à ce que, pendant la cueillette du miel, les passants fussent avertis du danger qui les menaçait et que, par suite, il doit partager sa responsabilité ;

Pour ces motifs, émendant, etc. »

responsable si l'essaim n'est pas poursuivi et s'il a fait acte de propriétaire.

Le propriétaire de l'essaim fugitif est responsable s'il est prouvé que le dommage est le fait de ses abeilles, qu'il poursuive ou non son essaim et, dans ce dernier cas, jusqu'au moment où quelqu'un s'en est emparé.

Un essaim en partance, dont on ne peut prouver la provenance, n'engage la responsabilité de personne.

L'action en dommages est donnée contre le propriétaire d'abeilles et ceux qui les détiennent ou les gardent pour leur propre compte (locataire, usufruitier) ; un préposé serait lui-même responsable pour faute personnelle dont la preuve serait faite contre lui ; si le propriétaire d'abeilles est un domestique, le propriétaire du fonds est associé à la responsabilité.

L'action appartient au maître de la chose détruite ou simplement endommagée, à celui qui eut à souffrir d'un préjudice, et à celui qui a un intérêt légitime ; elle se transmet aux héritiers et successeurs de la partie lésée.

APPENDICE

CHAPITRE I

Des obligations des apiculteurs-distillateurs de résidus de miel et cire envers l'administration des Contributions indirectes.

A) **En France.** — Les lois du 20 juillet 1837, du 10 août 1839 et du 14 décembre 1875 spécifient que, sont seuls considérés comme bouilleurs de cru et, conséquemment, dispensés de toute formalité, les propriétaires ou fermiers qui distillent exclusivement les vins, cidres, poirés, marcs, lies, cerises et prunes provenant de leur récolte : la loi du 29 décembre 1900 a, d'ailleurs, restreint cette franchise suivant la nature des appareils qu'ils emploient et la profession qu'ils exercent dans les limites du canton de récolte.

Art. 8 (loi du 20 Juillet 1887). — Seront seuls considérés comme bouilleurs de cru et continueront à être exempts, à ce titre, du paiement de la licence, ainsi que des obligations imposées par le chap. 6 de la loi du 28 avril 1816, les propriétaires ou fermiers qui distilleront exclusivement les vins, cidres ou poirés, marcs et lies provenant de leur récolte.

Les obligations résultant de l'art. 140 de la loi du 28 Avril 1816, sont applicables à tous les distillateurs de profession et sans distinction des matières qu'ils distillent.

Art. 15 (loi du 10 août 1839). — A partir de la promulgation de la présente loi, les propriétaires qui distillent exclusivement les cerises et prunes provenant de leur récolte, seront ajoutés à la nomenclature des bouilleurs de cru de l'art. 8 de la loi de juillet 1837 et comme tels dispensés de la licence et de l'exercice.

Art. unique (loi du 14 décembre 1875). Les propriétaires qui distillent les vins, marcs, cidres, prunes et cerises provenant exclusivement de leur récolte, sont dispensés de toute déclaration préalable et sont affranchis de l'exercice.

L'énumération ci-dessus est essentiellement limitative et ne doit, par analogie, être étendue aux prunes sauvages, prunelles, mûrs, pêches, miel, abricots, etc. C'est ce qu'a toujours soutenu l'administration et les tribunaux lui ont constamment donné raison (1).

---

(1) C'est aussi ce qu'a simplement eu pour but de rappeler la circulaire suivante du Directeur général aux directeurs départementaux (5 juin 1888) :

« Monsieur le Directeur, l'Administration est informée que, sur plusieurs points de la France, des apiculteurs, croyant appartenir à la catégorie des bouilleurs de cru, se livrent à la distillation des résidus de miel et de cire provenant de leurs ruches, sans faire à la recette buraliste des déclarations de fabrication et sans acquitter les droits sur les quantités produites.

Les art. 8 de la loi du 20 juillet 1837 et 15 de la loi du 10 août 1839 disposent que, seront seuls considérés comme bouilleurs de cru, les propriétaires et fermiers qui distillent exclusivement les vins, cidres, poirés, marcs, lies, cerises et prunes provenant de leur récolte.

» Comme pour toute mesure d'exception, l'énumération ci-dessus est essentiellement limitative et ne saurait être étendue par voie d'assimilation. Les marchands d'eau-de-vie de miel ne peuvent, par conséquent, pas être admis à bénéficier des immunités dont jouissent les bouilleurs de cru proprement dits.

» Je vous prie d'appeler l'attention du service sur les fabrications de l'espèce qui tombent sous l'application des art. 138, 139 et 144 de la loi du 28 avril 1876 et qu'il y aurait lieu de relever par procès-verbal au cas où elles seraient effectuées sans déclaration préalable.

» Vous apprécierez d'ailleurs, si, eu égard au développement de l'apiculture dans votre département, il ne conviendrait pas de faire insérer dans les journaux locaux un avis fixant les apiculteurs sur leurs obligations et les invitant à faire à la recette buraliste de leur commune la déclaration des quantités d'eau-de-vie de miel provenant de leur

Il s'en suit donc que l'apiculteur qui veut distiller des résidus de miel est tenu à toutes les obligations qui incombent aux bouilleurs de profession.

Ces obligations ont fait l'objet du décret du 15 avril 1881 dont les dispositions sont intégralement applicables aux producteurs qui nous occupent; les voici succinctement énumérées :

1° Déclaration à la recette buraliste au moins 15 jours avant de commencer. Cette déclaration doit énoncer : la contenance des appareils et vaisseaux dont il sera fait emploi ; les quantités de matières premières qui seront mises en œuvre; la durée totale des travaux de distillation; l'heure du commencement et celle de la fin de la fabrication pour chaque journée;

2° Nécessité de fournir une caution solvable qui s'engage solidairement avec le bouilleur, à payer les manquants extraordinaires qui viendraient à être constatés ;

---

fabrication qui sont encore entre leurs mains, et à acquitter le droit de consommation dont elles sont passibles.

» Des procès-verbaux ne seraient rapportés que contre les apiculteurs qui, bien qu'avertis, négligeraient ou refuseraient de se soumettre à leurs obligations.

» Pour guider le service dans les investigations auxquelles il aura à procéder, vous voudrez bien demander à M. le Préfet communication des statistiques indiquant le nombre des ruches et l'importance de la production du miel, ainsi que les localités, fermes ou hameaux où s'effectue cette production.

» Vous aurez soin de rendre compte à l'Administration des suites qui auront été données aux prescriptions contenues dans la présente lettre commune.

» A cet effet, vous lui adresserez dans le délai d'un mois, sous le timbre de la 3me division. 1er bureau, sur rapport spécial comprenant toutes les indications nécessaires, l'état de l'apiculture dans votre département, le nombre total des apiculteurs et le nombre de ceux qui convertissent leurs produits en alcool, les quantités de miel ou de résidus présumées livrées à la distillation, leur rendement en alcool, des quantités d'alcool réellement fabriquées, les quantités déclarées et prises en charge, le nombre et la nature des procès-verbaux déclarés, etc.....»

3° Nécessité d'inscrire sur un carnet qui est remis par la régie la quantité de matières premières versée dans l'alambic à chaque chargement de l'appareil ainsi que l'heure du commencement et celle de la fin du chargement;

4° Nécessité, à la fin de chaque journée, d'inscrire sur un second carnet, également remis par la régie, la quantité d'alcool produite (volume, degré, alcool pur);

5° Obligation de souffrir les visites et exercices du service à toute heure du jour et de la nuit, même si la distillation n'a lieu que de jour (art. 8 de la loi du 30 mai 1888). Le bouilleur peut, cependant, se soustraire aux visites de nuit en mettant ses appareils sous les scellés de la régie. Nous ajouterons que cette faculté de pénétrer de nuit chez les bouilleurs n'est exercée que lorsque le service a acquis la preuve à peu près absolue que la distillerie fonctionne en dehors des heures indiquées à la déclaration;

6° A la fin des travaux de distillation, le producteur peut, soit payer immédiatement les droits sur les alcools obtenus, soit demander le crédit des taxes. Dans le premier cas, il est affranchi de toute formalité et rentre dans la catégorie des simples particuliers; seulement si plus tard il veut vendre tout ou partie de son alcool, il est tenu de payer de nouveau les droits sur les quantités déplacées. Dans le second cas, la régie lui ouvre un compte et les droits ne sont payés ou garantis (suivant la qualité du destinataire) qu'au fur et à mesure des expéditions, mais il reste soumis aux exercices et continue à payer la licence jusqu'à ce qu'il ait déclaré cesser.

7° Payement d'une licence dont le tarif est fixé, par trimestre, à 10 fr. si la quantité d'alcool pur obtenu (par an) ne dépasse pas 50 hectolitres, 15 fr. si elle dépasse 50 hectolitres sans excéder 150 hect., et 30 fr. si elle est supérieure à 150 hect. (art. 1er, loi du 29 décembre 1900).

En France l'alcool est frappé : 1° d'un droit de consommation de 220 fr. par hect. d'alcool pur; 2° d'un droit d'entrée perçu dans les villes de 4.000 âmes et au-dessus ; le tarif de ce droit varie de 7 fr. 50 à 30 fr. suivant l'importance de la population ; 3° d'un droit d'octroi dans 1.500 villes environ, perçu au profit des communes ; le tarif peut atteindre le double de celui du droit d'entrée.

La plupart des petits propriétaires ne possèdent pas d'alambic et sont obligés de recourir aux appareils ambulants. Comme ces derniers sont presque toujours des appareils à vapeur, les récoltants doivent être soumis au régime des bouilleurs de profession, par application de l'art. 10 de la loi du 29 décembre 1900. Or, le fait de distiller hors du domicile n'a pas pour résultat de faire perdre au récoltant le bénéfice de l'allocation de 20 litres, accordée par l'art. 10 de la loi précitée aux bouilleurs de cru qui, faisant usage d'appareils à vapeur ou à marche continue, sont assimilés aux bouilleurs de profession. A cet effet l'acquit-à-caution délivré pour légitimer le transport sera déchargé purement et simplement jusqu'à concurrence de 20 litres, le surplus étant seul soumis au payement du droit. Au cas où les récoltants réclameraient le crédit de l'impôt, les 20 litres leur seraient alloués en déduction sur la quantité totale qui serait alors prise en charge. Il est à remarquer que ces tolérances devront être retirées en cas d'abus (loi du 28 avril 1816, art. 90 et lettre du ministre des finances à M. Allombert, député de l'Ain, v. *L'Apiculteur de Paris*, n° 9, sept. 1901, p. 420 et suiv.).

B) **En Algérie.** — De même que les apiculteurs de la Métropole, les propriétaires de l'Algérie qui distillent les résidus de miel ou de cire sont assimilés aux bouilleurs de profession et assujettis aux mêmes obligations.

L'art. 3 du décret du 27 juin 1887 range, en effet, dans la catégorie des bouilleurs de cru les propriétaires qui distillent *exclusivement* les produits de leurs récoltes de vins, cidres, poirés, lies, marcs et fruits et dans celle des bouilleurs soumis au régime du décret du 15 avril 1881, rendu applicable à l'Algérie, les distillateurs qui, mettant en œuvre d'autres matières, obtiennent, par de simples distillations ou par des opérations de rectification, des alcools propres à être livrés à la consommation.

Les apiculteurs-distillateurs sont, par conséquent, tenus : de faire, quinze jours à l'avance, une déclaration énonçant la contenance des vaisseaux dont ils font usage ; l'espèce et la quantité de matières premières qui seront mises en œuvre ainsi que leur rendement en alcool (à 1/10e près) ; la durée des travaux ; l'heure à laquelle commencera et celle à laquelle finira, tous les jours, la distillation. Obligation d'inscrire sur des carnets qui leur sont remis par le service : l'heure du chargement de l'alambic, les quantités et l'espèce de matières qui y sont introduites, les quantités d'alcool produites chaque jour ; obligation de présenter une caution et de se munir d'une licence. Ils doivent, de plus, payer les droits sur l'alcool produit ou réclamer le bénéfice de l'entrepôt.

Cependant le décret du 27 juin 1887, art. 4, spécifie que, par exception, les distillateurs de cette catégorie qui demeurent dans des localités où il n'existe pas de receveur des contributions diverses peuvent, par décision spéciale du gouverneur, être admis au bénéfice du régime spécial prévu pour les bouilleurs de cru.

Ce régime, qui diffère essentiellement de celui sous lequel sont placés les bouilleurs de cru en France, est déterminé par les décrets du 27 juin 1887 et 30 décembre 1897. Il impose les bouilleurs de cru de l'Algérie d'après la quantité présumée d'alcool fabriqué : cette quantité est calculée par voie d'abonnement à raison de la force productive de l'alambic, de la durée du travail, de la nature et de la richesse en alcool des matières premières employées. La force productive de l'alambic est déterminée par les employés, la durée du travail est le temps pendant lequel le bouilleur a la libre disposition de son appareil. En temps de chômage, l'appareil est placé sous scellés par les employés, ou mis hors d'usage par le dépôt d'une des pièces essentielles à la recette de la circonscription ou dans tout autre local agréé par arrêté préfectoral. La nature et la richesse des matières employées sont déclarées par les bouilleurs qui doivent, en outre, faire connaître les heures de mise en feu de l'alambic et la durée des opérations. Il leur est accordé une déduction de 15 % pour déchets sur le produit présumé en alcool, et une franchise de 30 litres pour consommation familiale.

Il est à remarquer que depuis 1887 tous les alambics existant en Algérie (même ceux détenus par les constructeurs ou marchands de ces appareils) doivent, sous peine de confiscation, être déclarés et munis d'une licence relatant la description des appareils. La licence est annuelle, le coût en est de 0 fr. 10 (art. 6 et 7 du décret du 27 juin 1887).

Enfin les droits perçus sur l'alcool en Algérie ne sont pas les mêmes que ceux établis dans la métropole :

En Algérie, le privilège des bouilleurs de cru n'existe pas ; la fabrication de l'alcool de miel doit être assimilée quant aux droits à payer à celle de tout autre alcool. Ces droits auxquels ils convient, s'il y a lieu, d'ajouter la licence commerciale sont au nombre de deux : 50 fr. par hectolitre à 100 degrés ou droit d'octroi de mer pour les communes, plus 100 fr. par hecto d'alcool à 100 degrés ou droit de consommation au profit du Trésor, — payables l'un à l'autre au moment de l'enlèvement de la cave du producteur : Celui-ci peut les éviter s'il réclame la faculté d'entrepôt en vue de l'exportation (décret du 27 juin 1887, lois du 26 janvier 1892 et du 28 décembre 1887, décret du 31 août 1898).

CHAPITRE II

De la fabrication de l'hydromel, du vin de seconde cuvée ; — Sucrage fait à l'aide de miel ; — Vente de l'hydromel additionné ou non de raisin.

I. En France :

A). — HYDROMEL

Tout cultivateur peut employer sa récolte de miel à faire de l'hydromel sans avoir aucun droit à payer, à la condition toutefois que le Ville ne perçoive pas de taxe d'octroi sur cette boisson, et que celle-ci ne soit pas destinée à la vente au détail sur place ou à emporter.

Il ne sera même pas obligé de faire une déclaration à la régie, sauf s'il est débitant de boisson, et si la fabrication s'effectue dans un lieu où l'hydromel est frappé d'une taxe d'octroi.

Sous les réserves précédemment exprimées, on peut également, sans avoir aucun droit à payer, faire de l'hydromel chez soi avec du miel que l'on a acheté, mais on est tenu à une déclaration préalable si la boisson doit être vendue en gros ou en détail. Il en sera de même dans le cas où l'on fera entrer dans la fabrication de l'hydromel des levures sélectionnées, ou, pour activer la fermentation, on ajoutera au miel une quantité assez faible de raisins.

B). — VIN DE SECONDE CUVÉE ; SUCRAGE A L'AIDE DE MIEL

L'addition à la vendange du sucre de canne ou de betterave lorsqu'elle est effectuée dans la limite légale n'enlève pas à la boisson son caractère de vin naturel. En est-il de même si le sucrage se fait à l'aide de miel ? Il nous le semble.

En tous cas, rien n'empêche de fabriquer mais seulement en vue de la consommation familiale (loi du 6 avril 1897) du vin de seconde cuvée en additionnant du miel à des marcs de vendange.

C). — Vente des produits (hydromel additionné ou non de raisin)

L'État perçoit, au départ ou à l'arrivée suivant la qualité du destinataire et le lieu de destination, un droit unique de 1 fr. 50 sur les vins et de 0 fr. 80 sur les cidres, poirés, hydromels, — droit perçu par hectolitre en volume.

De plus ces boissons sont frappées dans certaines villes d'un droit d'octroi au profit de la commune ; enfin, elles ne peuvent jamais être déplacées sans être accompagnées d'une expédition délivrée par le receveur buraliste de la régie qui, au vu de la demande, fait connaître si le droit est exigible immédiatement ou à destination.

Ces diverses questions ont été tranchées par le ministre des finances (voir Annuaire de la fédération des sociétés françaises d'apiculture, 10e session 1901, p. 82 et suiv.).

II. **En Algérie :**

Les *vins*, cidres, poirés et *hydromels* n'étant soumis à aucun impôt indirect, leur fabrication y est absolument libre.

Aucune déclaration n'est prescrite pour la fabrication.

Si la fabrication a lieu avec des produits de la récolte du fabricant, la vente en gros (25 litres et au-dessus) peut être faite sans déclaration de commerce préalable et sans paiement de la licence.

La vente au détail faite par le fabricant récoltant,

comporte une déclaration de commerce qui entraîne le paiement du droit de licence : ce droit varie suivant qu'il y a vente d'alcool en même temps que vente de vin, cidre, poiré ou hydromel ou suivant qu'il y a vente de vin, cidre, poiré ou hydromel sans alcool.

Le commerce, soit en gros, soit en détail, de l'hydromel fabriqué avec des *matières d'achat* comporte, dans tous les cas, la déclaration de profession et de paiement de licence.

Donc, aucun droit de consommation ou de fabrication n'est perçu au départ et à l'arrivée de l'hydromel fabriqué en Algérie et vendu en Algérie ; un seul droit de licence peut être dû dans les conditions spécifiées plus haut,

---

CHAPITRE III

De la possibilité ou de l'Impossibilité de prendre des abeilles en Cheptel

Le mot *Cheptel* vient de « *Capitale* » qui, dans la basse latinité, exprimait un ensemble de choses mobilières et plus spécialement un *troupeau*.

Le contrat qui nous intéresse a reçu cette dénomination « parce que les bestiaux qui en sont l'objet sont livrés au preneur non comme individus indépendants les uns des autres, *ut singuli*, mais comme formant une agrégation, un troupeau, une universalité, *ut universi*. Cette distinction entre les choses considérées soit *singulariter*, soit *universaliter*, produit en droit des conséquences importantes. En effet, tandis que les droits et obligations dont les premières sont l'objet s'éteignent avec les individus, il en est autrement des secondes, parce que ces dernières continuent de subsister nonobstant la perte de quelques-uns des individus qui les composent. » (D. P. v° louage, à cheptel, p. 486).

Art. 1800 C. c. — Le bail à cheptel est un contrat par lequel l'une des parties donne à l'autre un fonds de bétail pour le garder, le nourrir et le soigner, sous les conditions convenues entre elles.

Art. 1802. — On peut donner à cheptel toute espèce d'animaux susceptibles de croît et de profit pour l'agriculture ou le commerce.

Ceci étant, nous sommes d'avis que les abeilles, en dépit de l'argument que l'on tirerait des mots « toute espèce d'animaux susceptibles de profit pour l'agriculture et le commerce » ne sauraient faire l'objet d'un bail à cheptel. En effet, cela résulte pour nous de la dénomination même de ce bail « bail à cheptel » ou bail d'un fonds de bétail, de la signification primitive du mot *cheptel* (troupeau), de l'emploi par le législateur lui-même du mot « *bétail* », lorsqu'il définit le bail à cheptel. De plus le droit romain et les vieilles coutumes nous fournissent des preuves abondantes en faveur de la thèse que nous soutenons : « Si jascendas pecora partiara, est-il dit dans la loi 8 (id est ut fœtus eorum portionibus quibus placuit inter dominum et pastorem dividentur) Apollinarem suscepisse probabitur fidem pacto prœstare per judicem compelletur » cod., de pactis, v. aussi lois 13 1 ff. prescript. verb. et 52-2 ff. pro socio); et les coutumes du Berri et du Nivernais nous apprennent que le bail à cheptel était très répandu dans leur ressort parce que ces contrées étaient « propices à la nourriture des bestiaux ». En outre, dans l'article 1802 du Code civil, le législateur poursuit l'idée émise dans l'article 1800, et lorsqu'il parle de « toute espèce d'animaux susceptibles de croît et de profit pour l'agriculture et le commerce », il n'envisage que les bestiaux proprement dits qui contribuent à l'accroissement de la richesse générale. En conséquence ne peuvent faire l'objet d'un bail à cheptel que : 1° les bestiaux, 2° et parmi ces derniers, ceux qui sont susceptibles de croît et de profit pour l'agriculture et le commerce: ne remplissent pas cette dernière condition par ex. les animaux donnés en spectacle qui ne sont utiles ni à l'agriculture, ni au commerce, ni à l'industrie.

D'ailleurs un semblable contrat n'a jamais été pratiqué pour les volatiles de basse-cour, poules, canards, etc. Pourquoi donc le permettre lorsqu'il s'agit d'abeilles ? Ne convient-il pas mieux de décider que s'il s'en trouve d'attachées à une ferme, le fermier en jouit suivant les règles qui gouvernent la jouissance du reste de la ferme ? « Conserver et multiplier les *troupeaux*, améliorer les races et les *engrais*, perfectionner la *qualité des laines*, utiliser les profits des *laitages*, tels sont, écrit Troplong (Louage n° 1054) les intérêts qui se rattachent à ce contrat aussi utile aux grands propriétaires qu'à la classe peu aisée des campagnes, aussi précieux pour l'agriculture que pour les manufactures et le commerce ».

Certains auteurs cependant semblent admettre le cheptel d'abeilles (V. Béquet, rép. Droit administratif, p. 400, n° 521).

CHAPITRE IV

De l'indivisibilité des Essaims

Un essaim doit être considéré comme une chose indivisible (Vaudoré, Traité de droit rural, n° 211).

Doivent donc suivre les formes de la licitation les copropriétaires qui veulent user du bénéfice de l'article 815 du Code civil :

Art. 815. — Nul ne peut être contraint à demeurer dans l'indivision, et le partage peut toujours être provoqué, nonobstant prohibitions et conventions contraires.

TABLE DES MATIÈRES

LILLE. IMPRIMERIE LE BIGOT FRÈRES.